TAILANDÊS
VOCABULÁRIO

PALAVRAS MAIS ÚTEIS

PORTUGUÊS
TAILANDÊS

Para alargar o seu léxico e apurar
as suas competências linguísticas

5000 palavras

Vocabulário Português-Tailandês - 5000 palavras
Por Andrey Taranov

Os vocabulários da T&P Books destinam-se a ajudar a aprender, a memorizar, e a rever palavras estrangeiras. O dicionário é dividido em temas, cobrindo todas as principais esferas de atividades quotidianas, negócios, ciência, cultura, etc.

O processo de aprendizagem, utilizando os dicionários baseados em temáticas da T&P Books dá-lhe as seguintes vantagens:

- Informação de origem corretamente agrupada predetermina o sucesso em fases subsequentes da memorização de palavras
- Disponibilização de palavras derivadas da mesma raiz, o que permite a memorização de unidades de texto (em vez de palavras separadas)
- Pequenas unidades de palavras facilitam o processo de estabelecimento de vínculos associativos necessários para a consolidação do vocabulário
- O nível de conhecimento da língua pode ser estimado pelo número de palavras aprendidas

Copyright © 2018 T&P Books Publishing

Todos os direitos reservados. Nenhuma parte desta publicação pode ser reproduzida, total ou parcialmente, por quaisquer métodos ou processos, sejam eles eletrónicos, mecânicos, de fotocópia ou outros, sem a autorização escrita do editor. Esta publicação não pode ser divulgada, copiada ou distribuída em nenhum formato.

T&P Books Publishing
www.tpbooks.com

ISBN: 978-1-78767-254-3

Este livro também está disponível em formato E-book.
Por favor visite www.tpbooks.com ou as principais livrarias on-line.

VOCABULÁRIO TAILANDÊS
palavras mais úteis

Os vocabulários da T&P Books destinam-se a ajudar a aprender, a memorizar, e a rever palavras estrangeiras. O vocabulário contém mais de 5000 palavras de uso comum organizadas tematicamente.

O vocabulário contém as palavras mais comummente usadas
Recomendado como adicional para qualquer curso de línguas
Satisfaz as necessidades dos iniciados e dos alunos avançados de línguas estrangeiras
Conveniente para o uso diário, sessões de revisão e atividades de auto-teste
Permite avaliar o seu vocabulário

Características especias do vocabulário

- As palavras estão organizadas de acordo com o seu significado, e não por ordem alfabética
- As palavras são apresentadas em três colunas para facilitar os processos de revisão e auto-teste
- As palavras compostas são divididas em pequenos blocos para facilitar o processo de aprendizagem
- O vocabulário oferece uma transcrição simples e adequada de cada palavra estrangeira

O vocabulário contém 155 tópicos incluindo:

Conceitos básicos, Números, Cores, Meses, Estações do ano, Unidades de medida, Roupas & Acessórios, Alimentos & Nutrição, Restaurante, Membros da Família, Parentes, Caráter, Sentimentos, Emoções, Doenças, Cidade, Passeios, Compras, Dinheiro, Casa, Lar, Escritório, Trabalho no Escritório, Importação & Exportação, Marketing, Pesquisa de Emprego, Desportos, Educação, Computador, Internet, Ferramentas, Natureza, Países, Nacionalidades e muito mais ...

TABELA DE CONTEÚDOS

Guia de pronunciação	9
Abreviaturas	11

CONCEITOS BÁSICOS	12
Conceitos básicos. Parte 1	12
1. Pronomes	12
2. Cumprimentos. Saudações. Despedidas	12
3. Como se dirigir a alguém	13
4. Números cardinais. Parte 1	13
5. Números cardinais. Parte 2	14
6. Números ordinais	15
7. Números. Frações	15
8. Números. Operações básicas	15
9. Números. Diversos	16
10. Os verbos mais importantes. Parte 1	16
11. Os verbos mais importantes. Parte 2	17
12. Os verbos mais importantes. Parte 3	18
13. Os verbos mais importantes. Parte 4	19
14. Cores	20
15. Questões	21
16. Preposições	21
17. Palavras funcionais. Advérbios. Parte 1	21
18. Palavras funcionais. Advérbios. Parte 2	23

Conceitos básicos. Parte 2	25
19. Dias da semana	25
20. Horas. Dia e noite	25
21. Meses. Estações	26
22. Unidades de medida	28
23. Recipientes	29

O SER HUMANO	30
O ser humano. O corpo	30
24. Cabeça	30
25. Corpo humano	31

Vestuário & Acessórios	32
26. Roupa exterior. Casacos	32
27. Vestuário de homem & mulher	32

28. Vestuário. Roupa interior 33
29. Adereços de cabeça 33
30. Calçado 33
31. Acessórios pessoais 34
32. Vestuário. Diversos 34
33. Cuidados pessoais. Cosméticos 35
34. Relógios de pulso. Relógios 36

Alimentação. Nutrição 37

35. Comida 37
36. Bebidas 38
37. Vegetais 39
38. Frutos. Nozes 40
39. Pão. Bolaria 41
40. Pratos cozinhados 41
41. Especiarias 42
42. Refeições 43
43. Por a mesa 44
44. Restaurante 44

Família, parentes e amigos 45

45. Informação pessoal. Formulários 45
46. Membros da família. Parentes 45

Medicina 47

47. Doenças 47
48. Simtomas. Tratamentos. Parte 1 48
49. Simtomas. Tratamentos. Parte 2 49
50. Simtomas. Tratamentos. Parte 3 50
51. Médicos 51
52. Medicina. Drogas. Acessórios 51

HABITAT HUMANO 53
Cidade 53

53. Cidade. Vida na cidade 53
54. Instituições urbanas 54
55. Sinais 55
56. Transportes urbanos 56
57. Turismo 57
58. Compras 58
59. Dinheiro 59
60. Correios. Serviço postal 60

Moradia. Casa. Lar 61

61. Casa. Eletricidade 61

5

62. Moradia. Mansão 61
63. Apartamento 61
64. Mobiliário. Interior 62
65. Quarto de dormir 63
66. Cozinha 63
67. Casa de banho 64
68. Eletrodomésticos 65

ATIVIDADES HUMANAS 66
Emprego. Negócios. Parte 1 66

69. Escritório. O trabalho no escritório 66
70. Processos negociais. Parte 1 67
71. Processos negociais. Parte 2 68
72. Produção. Trabalhos 69
73. Contrato. Acordo 70
74. Importação & Exportação 71
75. Finanças 71
76. Marketing 72
77. Publicidade 73
78. Banca 73
79. Telefone. Conversação telefónica 74
80. Telefone móvel 75
81. Estacionário 75
82. Tipos de negócios 76

Emprego. Negócios. Parte 2 78

83. Espetáculo. Feira 78
84. Ciência. Investigação. Cientistas 79

Profissões e ocupações 81

85. Procura de emprego. Demissão 81
86. Gente de negócios 81
87. Profissões de serviços 83
88. Profissões militares e postos 83
89. Oficiais. Padres 84
90. Profissões agrícolas 85
91. Profissões artísticas 85
92. Várias profissões 86
93. Ocupações. Estatuto social 87

Educação 88

94. Escola 88
95. Colégio. Universidade 89
96. Ciências. Disciplinas 90
97. Sistema de escrita. Ortografia 90
98. Línguas estrangeiras 91

T&P Books. Vocabulário Português-Tailandês - 5000 palavras

Descanso. Entretenimento. Viagens 93

99. Viagens 93
100. Hotel 93

EQUIPAMENTO TÉCNICO. TRANSPORTES 95
Equipamento técnico. Transportes 95

101. Computador 95
102. Internet. E-mail 96
103. Eletricidade 97
104. Ferramentas 97

Transportes 100

105. Avião 100
106. Comboio 101
107. Barco 102
108. Aeroporto 103

Eventos 105

109. Férias. Evento 105
110. Funerais. Enterro 106
111. Guerra. Soldados 106
112. Guerra. Ações militares. Parte 1 108
113. Guerra. Ações militares. Parte 2 109
114. Armas 110
115. Povos da antiguidade 112
116. Idade média 113
117. Líder. Chefe. Autoridades 114
118. Viloação da lei. Criminosos. Parte 1 115
119. Viloação da lei. Criminosos. Parte 2 116
120. Polícia. Lei. Parte 1 117
121. Polícia. Lei. Parte 2 119

NATUREZA 121
A Terra. Parte 1 121

122. Espaço sideral 121
123. A Terra 122
124. Pontos cardeais 123
125. Mar. Oceano 123
126. Nomes de Mares e Oceanos 124
127. Montanhas 125
128. Nomes de montanhas 126
129. Rios 126
130. Nomes de rios 127
131. Floresta 127
132. Recursos naturais 128

7

A Terra. Parte 2   130

133. Tempo   130
134. Tempo extremo. Catástrofes naturais   131

Fauna   132

135. Mamíferos. Predadores   132
136. Animais selvagens   132
137. Animais domésticos   133
138. Pássaros   134
139. Peixes. Animais marinhos   136
140. Amfíbios. Répteis   136
141. Insetos   137

Flora   138

142. Árvores   138
143. Arbustos   139
144. Frutos. Bagas   139
145. Flores. Plantas   140
146. Cereais, grãos   141

PAÍSES. NACIONALIDADES   142

147. Europa Ocidental   142
148. Europa Central e de Leste   142
149. Países da ex-URSS   143
150. Asia   143
151. America do Norte   144
152. America Centrale do Sul   144
153. Africa   145
154. Australia. Oceania   145
155. Cidades   145

# GUIA DE PRONUNCIAÇÃO

Alfabeto fonético T&P   Exemplo tailandês   Exemplo Português

Vogais

[a]	หํา [hâ:] – hâa	chamar
[e]	เป็นลม [pen lom] – bpen lom	metal
[i]	วินัย [wiʔ naj] – wí–nai	sinónimo
[o]	โกน [ko:n] – gohn	lobo
[u]	ขุ่นเคือง [kʰùn kʰɯ:aŋ] – khùn kheuang	bonita
[aa]	ราคา [ra: kʰa:] – raa–khaa	rapaz
[oo]	ภูมิใจ [pʰu:m tɕaj] – phoom jai	blusa
[ee]	บัญชี [ban tɕʰi:] – ban–chee	cair
[eu]	เดือน [dɯ:an] – deuan	Um [u] sem arredondar os lábios
[er]	เงิน [ŋɤn] – ngern	O [u] Inglês, só que com os lábios arredondados.
[ae]	แปล [plɛ:] – bplae	plateia
[ay]	เลย [lê:k] – lâyk	plateia
[ai]	ไปป์ [paj] – bpai	baixar
[oi]	โพย [pʰo:j] – phoi	moita
[ya]	สัญญา [sǎn ja:] – sǎn–yaa	Himalaias
[oie]	อบเชย [ʔòp tɕʰɤ:j] – òp–choie	Combinação [ə:i]
[ieo]	หน้าเขียว [nâ: si:aw] – nâa sieow	Kia Motors

Consoantes iniciais

[b]	บาง [ba:ŋ] – baang	barril
[d]	สีแดง [sǐ: dɛ:ŋ] – sěe daeng	dentista
[f]	มันฝรั่ง [man fà ràn] – man fà–ràng	safári
[h]	เฮลซิงกิ [he:n siŋ kìʔ] – hayn–sing–gì	[h] aspirada
[y]	ยี่สิบ [jî: sìp] – yêe sip	géiser
[g]	กรง [kroŋ] – grorng	gosto
[kh]	เลขา [le: kʰǎ:] – lay–khǎa	[k] aspirada
[l]	เล็ก [lék] – lék	libra
[m]	เมลอน [me: lɔ:n] – may–lorn	magnólia
[n]	หนัง [nǎŋ] – nǎng	natureza
[ng]	เงือก [ŋɯ:ak] – ngêuak	alcançar
[bp]	เป็น [pen] – bpen	presente
[ph]	เผา [pʰàw] – phào	[p] aspirada
[r]	เบอร์รี่ [bɤ: rî:] – ber–rêe	riscar
[s]	ซอน [sôn] – sôrn	sanita
[dt]	ดนตรี [don tri:] – don–dtree	tulipa
[j]	ปั่นจั่น [pân tɕàn] – bpân jàn	tchetcheno

T&P Books. Vocabulário Português-Tailandês - 5000 palavras

Alfabeto fonético T&P   Exemplo tailandês   Exemplo Português

[ch]	วิชา [wíʔ tɕʰaː] – wí–chaa	[tsch] aspirado
[th]	แถว [tʰɛːw] – thăe	[t] aspirada
[w]	เคี้ยว [kʰíːaw] – khieow	página web

Consoantes finais

[k]	แม่เหล็ก [mɛː lèk] – mâe lèk	kiwi
[m]	เพิ่ม [pʰɤːm] – phêrm	magnólia
[n]	เนียน [niːan] – nian	natureza
[ng]	เป็นห่วง [pen hùːaŋ] – bpen hùang	alcançar
[p]	ไม่ขยับ [mâj kʰà ja p] – mâi khà–yàp	presente
[t]	ลูกเป็ด [lûːk pèt] – lôok bpèt	tulipa

Comentários

Tom médio - [ā] การดูน [gaan khon]
Tom baixo - [à] แจกจ่าย [jàek jàai]
Tom descendente - [â] แต่ม [dtâem]
Tom alto - [á] แซ็กโซโฟน [sáek-soh-fohn]
Tom ascendente - [ǎ] เนินเขา [nern khǎo]

ABREVIATURAS
usadas no vocabulário

Abreviaturas do Português

adj	-	adjetivo
adv	-	advérbio
anim.	-	animado
conj.	-	conjunção
desp.	-	desporto
etc.	-	etecetra
ex.	-	por exemplo
f	-	nome feminino
f pl	-	feminino plural
fem.	-	feminino
inanim.	-	inanimado
m	-	nome masculino
m pl	-	masculino plural
m, f	-	masculino, feminino
masc.	-	masculino
mat.	-	matemática
mil.	-	militar
pl	-	plural
prep.	-	preposição
pron.	-	pronome
sb.	-	sobre
sing.	-	singular
v aux	-	verbo auxiliar
vi	-	verbo intransitivo
vi, vt	-	verbo intransitivo, transitivo
vr	-	verbo reflexivo
vt	-	verbo transitivo

CONCEITOS BÁSICOS

Conceitos básicos. Parte 1

1. Pronomes

tu	คุณ	khun
ele	เขา	kháo
ela	เธอ	ther
ele, ela (neutro)	มัน	man
nós	เรา	rao
vocês	คุณทั้งหลาย	khun tháng lǎai
você (sing.)	คุณ	khun
você (pl)	คุณทั้งหลาย	khun tháng lǎai
eles	เขา	kháo
elas	เธอ	ther

2. Cumprimentos. Saudações. Despedidas

Olá!	สวัสดี!	sà-wàt-dee
Bom dia! (formal)	สวัสดี ครับ/ค่ะ!	sà-wàt-dee khráp/khâ
Bom dia! (de manhã)	อรุณสวัสดี!	a-run sà-wàt
Boa tarde!	สวัสดีตอนบ่าย	sà-wàt-dee dtorn-bàai
Boa noite!	สวัสดีตอนค่ำ	sà-wàt-dee dtorn-khâm
cumprimentar (vt)	ทักทาย	thák thaai
Olá!	สวัสดี!	sà-wàt-dee
saudação (f)	คำทักทาย	kham thák thaai
saudar (vt)	ทักทาย	thák thaai
Como vai?	คุณสบายดีไหม?	khun sà-baai dee mǎi
Como vais?	สบายดีไหม?	sà-baai dee mǎi
O que há de novo?	มีอะไรใหม่?	mee à-rai mài
Adeus! (formal)	ลาก่อน!	laa gòrn
Até à vista! (informal)	บาย!	baai
Até breve!	พบกันใหม่	phóp gan mài
Adeus! (sing.)	ลาก่อน!	laa gòrn
Adeus! (pl)	สวัสดี!	sà-wàt-dee
despedir-se (vr)	บอกลา	bòrk laa
Até logo!	ลาก่อน!	laa gòrn
Obrigado! -a!	ขอบคุณ!	khòrp khun
Muito obrigado! -a!	ขอบคุณมาก!	khòrp khun mâak
De nada	ยินดีช่วย	yin dee chûay
Não tem de quê	ไม่เป็นไร	mâi bpen rai

T&P Books. Vocabulário Português-Tailandês - 5000 palavras

De nada	ไม่เป็นไร	mâi bpen rai
Desculpa!	ขอโทษที!	khŏr thôht thee
Desculpe!	ขอโทษ ครับ/ค่ะ!	khŏr thôht khráp / khâ
desculpar (vt)	ให้อภัย	hâi a-phai
desculpar-se (vr)	ขอโทษ	khŏr thôht
As minhas desculpas	ขอโทษ	khŏr thôht
Desculpe!	ขอโทษ!	khŏr thôht
perdoar (vt)	อภัย	a-phai
Não faz mal	ไม่เป็นไร!	mâi bpen rai
por favor	โปรด	bpròht
Não se esqueça!	อย่าลืม!	yàa leum
Certamente! Claro!	แน่นอน!	nâe norn
Claro que não!	ไม่ใช่แน่!	mâi châi nâe
Está bem! De acordo!	โอเค!	oh-khay
Basta!	พอแล้ว	phor láew

3. Como se dirigir a alguém

Desculpe	ขอโทษ	khŏr thôht
(para chamar a atenção)		
senhor	ท่าน	thâan
senhora	คุณ	khun
rapariga	คุณ	khun
rapaz	พ่อหนุ่ม	phôr nùm
menino	หนู	nŏo
menina	หนู	nŏo

4. Números cardinais. Parte 1

zero	ศูนย์	sŏon
um	หนึ่ง	nèung
dois	สอง	sŏrng
três	สาม	săam
quatro	สี่	sèe
cinco	ห้า	hâa
seis	หก	hòk
sete	เจ็ด	jèt
oito	แปด	bpàet
nove	เก้า	gâo
dez	สิบ	sìp
onze	สิบเอ็ด	sìp èt
doze	สิบสอง	sìp sŏrng
treze	สิบสาม	sìp săam
catorze	สิบสี่	sìp sèe
quinze	สิบห้า	sìp hâa
dezasseis	สิบหก	sìp hòk
dezassete	สิบเจ็ด	sìp jèt

dezoito	สิบแปด	sìp bpàet
dezanove	สิบเก้า	sìp gâo
vinte	ยี่สิบ	yêe sìp
vinte e um	ยี่สิบเอ็ด	yêe sìp èt
vinte e dois	ยี่สิบสอง	yêe sìp sŏrng
vinte e três	ยี่สิบสาม	yêe sìp săam
trinta	สามสิบ	săam sìp
trinta e um	สามสิบเอ็ด	săam-sìp-èt
trinta e dois	สามสิบสอง	săam-sìp-sŏrng
trinta e três	สามสิบสาม	săam-sìp-săam
quarenta	สี่สิบ	sèe sìp
quarenta e um	สี่สิบเอ็ด	sèe-sìp-èt
quarenta e dois	สี่สิบสอง	sèe-sìp-sŏrng
quarenta e três	สี่สิบสาม	sèe-sìp-săam
cinquenta	ห้าสิบ	hâa sìp
cinquenta e um	ห้าสิบเอ็ด	hâa-sìp-èt
cinquenta e dois	ห้าสิบสอง	hâa-sìp-sŏrng
cinquenta e três	ห้าสิบสาม	hâa-sìp-săam
sessenta	หกสิบ	hòk sìp
sessenta e um	หกสิบเอ็ด	hòk-sìp-èt
sessenta e dois	หกสิบสอง	hòk-sìp-sŏrng
sessenta e três	หกสิบสาม	hòk-sìp-săam
setenta	เจ็ดสิบ	jèt sìp
setenta e um	เจ็ดสิบเอ็ด	jèt-sìp-èt
setenta e dois	เจ็ดสิบสอง	jèt-sìp-sŏrng
setenta e três	เจ็ดสิบสาม	jèt-sìp-săam
oitenta	แปดสิบ	bpàet sìp
oitenta e um	แปดสิบเอ็ด	bpàet-sìp-èt
oitenta e dois	แปดสิบสอง	bpàet-sìp-sŏrng
oitenta e três	แปดสิบสาม	bpàet-sìp-săam
noventa	เก้าสิบ	gâo sìp
noventa e um	เก้าสิบเอ็ด	gâo-sìp-èt
noventa e dois	เก้าสิบสอง	gâo-sìp-sŏrng
noventa e três	เกาสิบสาม	gâo-sìp-săam

5. Números cardinais. Parte 2

cem	หนึ่งร้อย	nèung rói
duzentos	สองร้อย	sŏrng rói
trezentos	สามร้อย	săam rói
quatrocentos	สี่ร้อย	sèe rói
quinhentos	ห้าร้อย	hâa rói
seiscentos	หกร้อย	hòk rói
setecentos	เจ็ดร้อย	jèt rói
oitocentos	แปดร้อย	bpàet rói
novecentos	เการ้อย	gâo rói

mil	หนึ่งพัน	nèung phan
dois mil	สองพัน	sŏrng phan
três mil	สามพัน	săam phan
dez mil	หนึ่งหมื่น	nèung mèun
cem mil	หนึ่งแสน	nèung săen
um milhão	ล้าน	láan
mil milhões	พันล้าน	phan láan

6. Números ordinais

primeiro	แรก	râek
segundo	ที่สอง	thêe sŏrng
terceiro	ที่สาม	thêe săam
quarto	ที่สี่	thêe sèe
quinto	ที่ห้า	thêe hâa
sexto	ที่หก	thêe hòk
sétimo	ที่เจ็ด	thêe jèt
oitavo	ที่แปด	thêe bpàet
nono	ที่เก้า	thêe gâo
décimo	ที่สิบ	thêe sìp

7. Números. Frações

fração (f)	เศษส่วน	sàyt sùan
um meio	หนึ่งส่วนสอง	nèung sùan sŏrng
um terço	หนึ่งส่วนสาม	nèung sùan săam
um quarto	หนึ่งส่วนสี่	nèung sùan sèe
um oitavo	หนึ่งส่วนแปด	nèung sùan bpàet
um décimo	หนึ่งส่วนสิบ	nèung sùan sìp
dois terços	สองส่วนสาม	sŏrng sùan săam
três quartos	สามส่วนสี่	săam sùan sèe

8. Números. Operações básicas

subtração (f)	การลบ	gaan lóp
subtrair (vi, vt)	ลบ	lóp
divisão (f)	การหาร	gaan hăan
dividir (vt)	หาร	hăan
adição (f)	การบวก	gaan bùak
somar (vt)	บวก	bùak
adicionar (vt)	เพิ่ม	phêrm
multiplicação (f)	การคูณ	gaan khon
multiplicar (vt)	คูณ	khoon

9. Números. Diversos

Português	Tailandês	Transliteração
algarismo, dígito (m)	ตัวเลข	dtua lâyk
número (m)	เลข	lâyk
numeral (m)	ตัวเลข	dtua lâyk
menos (m)	เครื่องหมายลบ	khrêuang măai lóp
mais (m)	เครื่องหมายบวก	khrêuang măai bùak
fórmula (f)	สูตร	sòot
cálculo (m)	การนับ	gaan náp
contar (vt)	นับ	náp
calcular (vt)	นับ	náp
comparar (vt)	เปรียบเทียบ	bprìap thîap
Quanto?	เท่าไหร่?	thâo rài
Quantos? -as?	กี่...?	gèe...?
soma (f)	ผลรวม	phŏn ruam
resultado (m)	ผลลัพธ์	phŏn láp
resto (m)	ที่เหลือ	thêe lĕua
alguns, algumas ...	สองสาม	sŏrng săam
um pouco de ...	นิดหน่อย	nít nòi
poucos, -as (~ pessoas)	น้อย	nói
resto (m)	ที่เหลือ	thêe lĕua
um e meio	หนึ่งครึ่ง	nèung khrêung
dúzia (f)	โหล	lŏh
ao meio	เป็นสองส่วน	bpen sŏrng sùan
em partes iguais	เท่าเทียมกัน	thâo thiam gan
metade (f)	ครึ่ง	khrêung
vez (f)	ครั้ง	khráng

10. Os verbos mais importantes. Parte 1

Português	Tailandês	Transliteração
abrir (vt)	เปิด	bpèrt
acabar, terminar (vt)	จบ	jòp
aconselhar (vt)	แนะนำ	náe nam
adivinhar (vt)	คาดเดา	khâat dao
advertir (vt)	เตือน	dteuan
ajudar (vt)	ช่วย	chûay
almoçar (vi)	ทานอาหารเที่ยง	thaan aa-hăan thîang
alugar (~ um apartamento)	เช่า	châo
amar (vt)	รัก	rák
ameaçar (vt)	ขู่	khòo
anotar (escrever)	จด	jòt
apanhar (vt)	จับ	jàp
apressar-se (vr)	รีบ	rêep
arrepender-se (vr)	เสียใจ	sĭa jai
assinar (vt)	ลงนาม	long naam
atirar, disparar (vi)	ยิง	ying

brincar (vi)	ล้อเล่น	lór lên
brincar, jogar (crianças)	เล่น	lên
buscar (vt)	หา	hăa
caçar (vi)	ลา	lâa

cair (vi)	ตก	dtòk
cavar (vt)	ขุด	khùt
cessar (vt)	หยุด	yùt
chamar (~ por socorro)	เรียก	rîak
chegar (vi)	มา	maa
chorar (vi)	ร้องไห้	rórng hâi

começar (vt)	เริ่ม	rêrm
comparar (vt)	เปรียบเทียบ	bpriap thîap
compreender (vt)	เข้าใจ	khâo jai
concordar (vi)	เห็นด้วย	hĕn dûay
confiar (vt)	เชื่อ	chêua

confundir (equivocar-se)	สับสน	sàp sŏn
conhecer (vt)	รู้จัก	róo jàk
contar (fazer contas)	นับ	náp
contar com (esperar)	พึ่งพา	phêung phaa
continuar (vt)	ทำต่อไป	tham dtòr bpai

controlar (vt)	ควบคุม	khûap khum
convidar (vt)	เชิญ	chern
correr (vi)	วิ่ง	wîng
criar (vt)	สร้าง	sâang
custar (vt)	ราคา	raa-khaa

11. Os verbos mais importantes. Parte 2

dar (vt)	ให้	hâi
dar uma dica	บอกใบ้	bòrk bâi
decorar (enfeitar)	ประดับ	bprà-dàp
defender (vt)	ปกป้อง	bpòk bpôrng
deixar cair (vt)	ทิ้งให้ตก	thíng hâi dtòk

descer (para baixo)	ลง	long
desculpar (vt)	ให้อภัย	hâi a-phai
desculpar-se (vr)	ขอโทษ	khŏr thôht
dirigir (~ uma empresa)	บริหาร	bor-rí-hăan
discutir (notícias, etc.)	หารือ	hăa-reu
dizer (vt)	บอก	bòrk

duvidar (vt)	สงสัย	sŏng-săi
encontrar (achar)	พบ	phóp
enganar (vt)	หลอก	lòrk
entrar (na sala, etc.)	เข้า	khâo
enviar (uma carta)	ส่ง	sòng

errar (equivocar-se)	ทำผิด	tham phìt
escolher (vt)	เลือก	lêuak
esconder (vt)	ซ่อน	sôrn

| escrever (vt) | เขียน | khĭan |
| esperar (o autocarro, etc.) | รอ | ror |

esperar (ter esperança)	หวัง	wăng
esquecer (vt)	ลืม	leum
estudar (vt)	เรียน	rian
exigir (vt)	เรียกร้อง	rîak rórng
existir (vi)	มีอยู่	mee yòo

explicar (vt)	อธิบาย	à-thí-baai
falar (vi)	พูด	phôot
faltar (clases, etc.)	พลาด	phlâat
fazer (vt)	ทำ	tham
ficar em silêncio	นิ่งเงียบ	nîng ngîap
gabar-se, jactar-se (vr)	โอ้อวด	ôh ùat

gostar (apreciar)	ชอบ	chôrp
gritar (vi)	ตะโกน	dtà-gohn
guardar (cartas, etc.)	รักษา	rák-săa
informar (vt)	แจ้ง	jâeng
insistir (vi)	ยืนยัน	yeun yan

insultar (vt)	ดูถูก	doo thòok
interessar-se (vr)	สนใจใน	sŏn jai nai
ir (a pé)	ไป	bpai
ir nadar	ไปว่ายน้ำ	bpai wâai náam
jantar (vi)	ทานอาหารเย็น	thaan aa-hăan yen

12. Os verbos mais importantes. Parte 3

ler (vt)	อ่าน	àan
libertar (cidade, etc.)	ปลดปล่อย	bplòt bplòi
matar (vt)	ฆ่า	khâa
mencionar (vt)	กล่าวถึง	glàao thĕung
mostrar (vt)	แสดง	sà-daeng

mudar (modificar)	เปลี่ยน	bplìan
nadar (vi)	ว่ายน้ำ	wâai náam
negar-se (vt)	ปฏิเสธ	bpà-dtì-sàyt
objetar (vt)	ค้าน	kháan

observar (vt)	สังเกตการณ์	săng-gàyt gaan
ordenar (mil.)	สั่งการ	sàng gaan
ouvir (vt)	ได้ยิน	dâai yin
pagar (vt)	จ่าย	jàai
parar (vi)	หยุด	yùt

participar (vi)	มีส่วนร่วม	mee sùan rûam
pedir (comida)	สั่ง	sàng
pedir (um favor, etc.)	ขอ	khŏr
pegar (tomar)	เอา	ao
pensar (vt)	คิด	khít
perceber (ver)	สังเกต	săng-gàyt
perdoar (vt)	ให้อภัย	hâi a-phai

perguntar (vt)	ถาม	thăam
permitir (vt)	อนุญาต	a-nú-yâat
pertencer (vt)	เป็นของของ...	bpen khŏrng khŏrng...

planear (vt)	วางแผน	waang phăen
poder (vi)	สามารถ	săa-mâat
possuir (vt)	เป็นเจ้าของ	bpen jâo khŏrng
preferir (vt)	ชอบ	chôrp
preparar (vt)	ทำอาหาร	tham aa-hăan

prever (vt)	คาดหวัง	khâat wăng
prometer (vt)	สัญญา	săn-yaa
pronunciar (vt)	ออกเสียง	òrk sĭang
propor (vt)	เสนอ	sà-něr
punir (castigar)	ลงโทษ	long thôht

13. Os verbos mais importantes. Parte 4

quebrar (vt)	แตก	dtàek
queixar-se (vr)	บ่น	bòn
querer (desejar)	ต้องการ	dtôrng gaan
recomendar (vt)	แนะนำ	náe nam
repetir (dizer outra vez)	ซ้ำ	sám

repreender (vt)	ดุด่า	dù dàa
reservar (~ um quarto)	จอง	jorng
responder (vt)	ตอบ	dtòrp
rezar, orar (vi)	ภาวนา	phaa-wá-naa
rir (vi)	หัวเราะ	hŭa rór

roubar (vt)	ขโมย	khà-moi
saber (vt)	รู้	róo
sair (~ de casa)	ออกไป	òrk bpai
salvar (vt)	กู้	gôo
seguir ...	ไปตาม...	bpai dtaam...

sentar-se (vr)	นั่ง	nâng
ser necessário	ต้องการ	dtôrng gaan
ser, estar	เป็น	bpen
significar (vt)	หมาย	măai

sorrir (vi)	ยิ้ม	yím
subestimar (vt)	ดูถูก	doo thòok
surpreender-se (vr)	ประหลาดใจ	bprà-làat jai
tentar (vt)	พยายาม	phá-yaa-yaam

ter (vt)	มี	mee
ter fome	หิว	hĭw
ter medo	กลัว	glua
ter sede	กระหายน้ำ	grà-hăai náam

tocar (com as mãos)	แตะต้อง	dtàe dtôrng
tomar o pequeno-almoço	ทานอาหารเช้า	thaan aa-hăan cháo
trabalhar (vi)	ทำงาน	tham ngaan

traduzir (vt)	แปล	bplae
unir (vt)	สมาน	sà-mǎan
vender (vt)	ขาย	khǎai
ver (vt)	เห็น	hěn
virar (ex. ~ à direita)	เลี้ยว	líeow
voar (vi)	บิน	bin

14. Cores

cor (f)	สี	sěe
matiz (m)	สีออน	sěe òrn
tom (m)	สีสัน	sěe sǎn
arco-íris (m)	สายรุ้ง	sǎai rúng
branco	สีขาว	sěe khǎao
preto	สีดำ	sěe dam
cinzento	สีเทา	sěe thao
verde	สีเขียว	sěe khǐeow
amarelo	สีเหลือง	sěe lěuang
vermelho	สีแดง	sěe daeng
azul	สีน้ำเงิน	sěe nám ngern
azul claro	สีฟ้า	sěe fáa
rosa	สีชมพู	sěe chom-poo
laranja	สีส้ม	sěe sôm
violeta	สีม่วง	sěe mûang
castanho	สีน้ำตาล	sěe nám dtaan
dourado	สีทอง	sěe thorng
prateado	สีเงิน	sěe ngern
bege	สีน้ำตาลอ่อน	sěe nám dtaan òrn
creme	สีครีม	sěe khreem
turquesa	สีเขียวแกมน้ำเงิน	sěe khǐeow gaem náam ngern
vermelho cereja	สีแดงเชอร์รี่	sěe daeng cher-rêe
lilás	สีม่วงอ่อน	sěe mûang-òrn
carmesim	สีแดงเข้ม	sěe daeng khâym
claro	อ่อน	òrn
escuro	แก่	gàe
vivo	สด	sòt
de cor	สี	sěe
a cores	สี	sěe
preto e branco	ขาวดำ	khǎao-dam
unicolor	สีเดียว	sěe dieow
multicor	หลากสี	làak sěe

15. Questões

Quem?	ใคร?	khrai
Que?	อะไร?	a-rai
Onde?	ที่ไหน?	thêe năi
Para onde?	ที่ไหน?	thêe năi
De onde?	จากที่ไหน?	jàak thêe năi
Quando?	เมื่อไหร่?	mêua rài
Para quê?	ทำไม?	tham-mai
Porquê?	ทำไม?	tham-mai
Para quê?	เพื่ออะไร?	phêua a-rai
Como?	อย่างไร?	yàang rai
Qual?	อะไร?	a-rai
Qual? (entre dois ou mais)	ไหน?	năi
A quem?	สำหรับใคร?	săm-ràp khrai
Sobre quem?	เกี่ยวกับใคร?	gìeow gàp khrai
Do quê?	เกี่ยวกับอะไร?	gìeow gàp a-rai
Com quem?	กับใคร?	gàp khrai
Quantos? -as?	กี่..?	gèe...?
Quanto?	เท่าไหร่?	thâo rài
De quem? (masc.)	ของใคร?	khŏrng khrai

16. Preposições

com (prep.)	กับ	gàp
sem (prep.)	ปราศจาก	bpràat-sà-jàak
a, para (exprime lugar)	ไปที่	bpai thêe
sobre (ex. falar ~)	เกี่ยวกับ	gìeow gàp
antes de ...	ก่อน	gòrn
diante de ...	หน้า	nâa
sob (debaixo de)	ใต้	dtâi
sobre (em cima de)	เหนือ	nĕua
sobre (~ a mesa)	บน	bon
de (vir ~ Lisboa)	จาก	jàak
de (feito ~ pedra)	ทำใช้	tham chái
dentro de (~ dez minutos)	ใน	nai
por cima de ...	ข้าม	khâam

17. Palavras funcionais. Advérbios. Parte 1

Onde?	ที่ไหน?	thêe năi
aqui	ที่นี่	thêe nêe
lá, ali	ที่นั่น	thêe nân
em algum lugar	ที่ใดที่หนึ่ง	thêe dai thêe nèung
em lugar nenhum	ไม่มีที่ไหน	mâi mee thêe năi

Português	ไทย	Pronúncia
ao pé de ...	ข้าง	khâang
ao pé da janela	ข้างหน้าต่าง	khâang nâa dtàang

Para onde?	ที่ไหน?	thêe nǎi
para cá	ที่นี่	thêe nêe
para lá	ที่นั่น	thêe nân
daqui	จากที่นี่	jàak thêe nêe
de lá, dali	จากที่นั่น	jàak thêe nân

perto	ใกล้	glâi
longe	ไกล	glai

perto de ...	ใกล้	glâi
ao lado de	ใกล้ๆ	glâi glâi
perto, não fica longe	ไม่ไกล	mâi glai

esquerdo	ซ้าย	sáai
à esquerda	ข้างซ้าย	khâang sáai
para esquerda	ซ้าย	sáai

direito	ขวา	khwǎa
à direita	ข้างขวา	khâang kwǎa
para direita	ขวา	khwǎa

à frente	ข้างหน้า	khâang nâa
da frente	หน้า	nâa
em frente (para a frente)	หน้า	nâa

atrás de ...	ข้างหลัง	khâang lǎng
por detrás (vir ~)	จากข้างหลัง	jàak khâang lǎng
para trás	หลัง	lǎng

meio (m), metade (f)	กลาง	glaang
no meio	ตรงกลาง	dtrorng glaang

de lado	ข้าง	khâang
em todo lugar	ทุกที่	thúk thêe
ao redor (olhar ~)	รอบ	rôrp

de dentro	จากข้างใน	jàak khâang nai
para algum lugar	ที่ไหน	thêe nǎi
diretamente	ตรงไป	dtrorng bpai
de volta	กลับ	glàp

de algum lugar	จากที่ใด	jàak thêe dai
de um lugar	จากที่ใด	jàak thêe dai

em primeiro lugar	ข้อที่หนึ่ง	khôr thêe nèung
em segundo lugar	ข้อที่สอง	khôr thêe sǒrng
em terceiro lugar	ข้อที่สาม	khôr thêe sǎam

de repente	ในทันที	nai than thee
no início	ตอนแรก	dtorn-râek
pela primeira vez	เป็นครั้งแรก	bpen khráng râek
muito antes de ...	นานก่อน	naan gòrn
de novo, novamente	ใหม่	mài

para sempre	ให้จบสิ้น	hâi jòp sîn
nunca	ไม่เคย	mâi khoie
de novo	อีกครั้งหนึ่ง	èek khráng nèung
agora	ตอนนี้	dtorn-née
frequentemente	บ่อย	bòi
então	เวลานั้น	way-laa nán
urgentemente	อย่างเร่งด่วน	yàang râyng dùan
usualmente	มักจะ	mák jà

a propósito, ...	อนึ่ง	à-nèung
é possível	เป็นไปได้	bpen bpai dâai
provavelmente	อาจจะ	àat jà
talvez	อาจจะ	àat jà
além disso, ...	นอกจากนั้น...	nôrk jàak nán...
por isso ...	นั่นเป็นเหตุผลที่...	nân bpen hàyt phǒn thêe...
apesar de ...	แม้ว่า...	máe wâa...
graças a ...	เนื่องจาก...	nêuang jàak...

que (pron.)	อะไร	a-rai
que (conj.)	ที่	thêe
algo	อะไร	a-rai
alguma coisa	อะไรก็ตาม	a-rai gôr dtaam
nada	ไม่มีอะไร	mâi mee a-rai

quem	ใคร	khrai
alguém (~ teve uma ideia ...)	บางคน	baang khon
alguém	บางคน	baang khon

ninguém	ไม่มีใคร	mâi mee khrai
para lugar nenhum	ไม่ไปไหน	mâi bpai nǎi
de ninguém	ไม่เป็นของของใคร	mâi bpen khǒrng khǒrng khrai
de alguém	ของคนหนึ่ง	khǒrng khon nèung

tão	มาก	mâak
também (gostaria ~ de ...)	ด้วย	dûay
também (~ eu)	ด้วย	dûay

18. Palavras funcionais. Advérbios. Parte 2

Porquê?	ทำไม?	tham-mai
por alguma razão	เพราะเหตุผลอะไร	phrór hàyt phǒn à-rai
porque ...	เพราะว่า...	phrór wâa
por qualquer razão	ด้วยจุดประสงค์อะไร	dûay jùt bprà-sǒng a-rai

e (tu ~ eu)	และ	láe
ou (ser ~ não ser)	หรือ	rěu
mas (porém)	แต่	dtàe
para (~ a minha mãe)	สำหรับ	sǎm-ràp

demasiado, muito	เกินไป	gern bpai
só, somente	เท่านั้น	thâo nán
exatamente	ตรง	dtrorng
cerca de (~ 10 kg)	ประมาณ	bprà-maan

aproximadamente	ประมาณ	bprà-maan
aproximado	ประมาณ	bprà-maan
quase	เกือบ	gèuap
resto (m)	ที่เหลือ	thêe lĕua
o outro (segundo)	อีก	èek
outro	อื่น	èun
cada	ทุก	thúk
qualquer	ใดๆ	dai dai
muitos, muitas	หลาย	lăai
muito	มาก	mâak
muitas pessoas	หลายคน	lăai khon
todos	ทุกๆ	thúk thúk
em troca de ...	ที่จะเปลี่ยนเป็น	thêe jà bplìan bpen
em troca	แทน	thaen
à mão	ใช้มือ	chái meu
pouco provável	แทบจะไม่	thâep jà mâi
provavelmente	อาจจะ	àat jà
de propósito	โดยเจตนา	doi jàyt-dtà-naa
por acidente	บังเอิญ	bang-ern
muito	มาก	mâak
por exemplo	ยกตัวอย่าง	yók dtua yàang
entre	ระหว่าง	rá-wàang
entre (no meio de)	ท่ามกลาง	tâam-glaang
tanto	มากมาย	mâak maai
especialmente	โดยเฉพาะ	doi chà-phór

Conceitos básicos. Parte 2

19. Dias da semana

segunda-feira (f)	วันจันทร์	wan jan
terça-feira (f)	วันอังคาร	wan ang-khaan
quarta-feira (f)	วันพุธ	wan phút
quinta-feira (f)	วันพฤหัสบดี	wan phá-réu-hàt-sà-bor-dee
sexta-feira (f)	วันศุกร์	wan sùk
sábado (m)	วันเสาร์	wan săo
domingo (m)	วันอาทิตย์	wan aa-thít

hoje	วันนี้	wan née
amanhã	พรุ่งนี้	phrûng-née
depois de amanhã	วันมะรืนนี้	wan má-reun née
ontem	เมื่อวานนี้	mêua waan née
anteontem	เมื่อวานซืนนี้	mêua waan-seun née

dia (m)	วัน	wan
dia (m) de trabalho	วันทำงาน	wan tham ngaan
feriado (m)	วันนักขัตฤกษ์	wan nák-khàt-rêrk
dia (m) de folga	วันหยุด	wan yùt
fim (m) de semana	วันสุดสัปดาห์	wan sùt sàp-daa

o dia todo	ทั้งวัน	tháng wan
no dia seguinte	วันรุ่งขึ้น	wan rûng khêun
há dois dias	สองวันก่อน	sŏrng wan gòrn
na véspera	วันก่อนหน้านี้	wan gòrn nâa née
diário	รายวัน	raai wan
todos os dias	ทุกวัน	thúk wan

semana (f)	สัปดาห์	sàp-daa
na semana passada	สัปดาห์ก่อน	sàp-daa gòrn
na próxima semana	สัปดาห์หน้า	sàp-daa nâa
semanal	รายสัปดาห์	raai sàp-daa
cada semana	ทุกสัปดาห์	thúk sàp-daa
duas vezes por semana	สัปดาห์ละสองครั้ง	sàp-daa lá sŏrng khráng
cada terça-feira	ทุกวันอังคาร	túk wan ang-khaan

20. Horas. Dia e noite

manhã (f)	เช้า	cháo
de manhã	ตอนเช้า	dtorn cháo
meio-dia (m)	เที่ยงวัน	thîang wan
à tarde	ตอนบ่าย	dtorn bàai

noite (f)	เย็น	yen
à noite (noitinha)	ตอนเย็น	dtorn yen

noite (f)	คืน	kheun
à noite	กลางคืน	glaang kheun
meia-noite (f)	เที่ยงคืน	thîang kheun
segundo (m)	วินาที	wí-naa-thee
minuto (m)	นาที	naa-thee
hora (f)	ชั่วโมง	chûa mohng
meia hora (f)	ครึ่งชั่วโมง	khrêung chûa mohng
quarto (m) de hora	สิบห้านาที	sìp hâa naa-thee
quinze minutos	สิบห้านาที	sìp hâa naa-thee
vinte e quatro horas	24 ชั่วโมง	yêe sìp sèe · chûa mohng
nascer (m) do sol	พระอาทิตย์ขึ้น	phrá aa-thít khêun
amanhecer (m)	ใกล้รุ่ง	glâi rûng
madrugada (f)	เช้า	cháo
pôr do sol (m)	พระอาทิตย์ตก	phrá aa-thít dtòk
de madrugada	ตอนเช้า	dtorn cháo
hoje de manhã	เช้านี้	cháo née
amanhã de manhã	พรุ่งนี้เช้า	phrûng-née cháo
hoje à tarde	บ่ายนี้	bàai née
à tarde	ตอนบ่าย	dtorn bàai
amanhã à tarde	พรุ่งนี้บ่าย	phrûng-née bàai
hoje à noite	คืนนี้	kheun née
amanhã à noite	คืนพรุ่งนี้	kheun phrûng-née
às três horas em ponto	3 โมงตรง	sǎam mohng dtrorng
por volta das quatro	ประมาณ 4 โมง	bprà-maan sèe mohng
às doze	ภายใน 12 โมง	phaai nai sìp sǒng mohng
dentro de vinte minutos	อีก 20 นาที	èek yêe sìp naa-thee
dentro duma hora	อีกหนึ่งชั่วโมง	èek nèung chûa mohng
a tempo	ทันเวลา	than way-laa
menos um quarto	อีกสิบห้านาที	èek sìp hâa naa-thee
durante uma hora	ภายในหนึ่งชั่วโมง	phaai nai nèung chûa mohng
a cada quinze minutos	ทุก 15 นาที	thúk sìp hâa naa-thee
as vinte e quatro horas	ทั้งวัน	tháng wan

21. Meses. Estações

janeiro (m)	มกราคม	mók-gà-raa khom
fevereiro (m)	กุมภาพันธ์	gum-phaa phan
março (m)	มีนาคม	mee-naa khom
abril (m)	เมษายน	may-sǎa-yon
maio (m)	พฤษภาคม	phréut-sà-phaa khom
junho (m)	มิถุนายน	mí-thù-naa-yon
julho (m)	กรกฎาคม	gà-rá-gà-daa-khom
agosto (m)	สิงหาคม	sǐng hǎa khom
setembro (m)	กันยายน	gan-yaa-yon
outubro (m)	ตุลาคม	dtù-laa khom

| novembro (m) | พฤศจิกายน | phréut-sà-jì-gaa-yon |
| dezembro (m) | ธันวาคม | than-waa khom |

primavera (f)	ฤดูใบไม้ผลิ	réu-doo bai máai phlì
na primavera	ฤดูใบไม้ผลิ	réu-doo bai máai phlì
primaveril	ฤดูใบไม้ผลิ	réu-doo bai máai phlì

verão (m)	ฤดูร้อน	réu-doo rórn
no verão	ฤดูร้อน	réu-doo rórn
de verão	ฤดูร้อน	réu-doo rórn

outono (m)	ฤดูใบไม้ร่วง	réu-doo bai máai rûang
no outono	ฤดูใบไม้ร่วง	réu-doo bai máai rûang
outonal	ฤดูใบไม้ร่วง	réu-doo bai máai rûang

inverno (m)	ฤดูหนาว	réu-doo năao
no inverno	ฤดูหนาว	réu-doo năao
de inverno	ฤดูหนาว	réu-doo năao

mês (m)	เดือน	deuan
este mês	เดือนนี้	deuan née
no próximo mês	เดือนหน้า	deuan nâa
no mês passado	เดือนที่แล้ว	deuan thêe láew

há um mês	หนึ่งเดือนก่อนหน้านี้	nèung deuan gòrn nâa née
dentro de um mês	อีกหนึ่งเดือน	èek nèung deuan
dentro de dois meses	อีกสองเดือน	èek sŏrng deuan
todo o mês	ทั้งเดือน	tháng deuan
um mês inteiro	ตลอดทั้งเดือน	dtà-lòrt tháng deuan

mensal	รายเดือน	raai deuan
mensalmente	ทุกเดือน	thúk deuan
cada mês	ทุกเดือน	thúk deuan
duas vezes por mês	เดือนละสองครั้ง	deuan lá sŏrng kráng

ano (m)	ปี	bpee
este ano	ปีนี้	bpee née
no próximo ano	ปีหน้า	bpee nâa
no ano passado	ปีที่แล้ว	bpee thêe láew

há um ano	หนึ่งปีก่อน	nèung bpee gòrn
dentro dum ano	อีกหนึ่งปี	èek nèung bpee
dentro de 2 anos	อีกสองปี	èek sŏng bpee
todo o ano	ทั้งปี	tháng bpee
um ano inteiro	ตลอดทั้งปี	dtà-lòrt tháng bpee

cada ano	ทุกปี	thúk bpee
anual	รายปี	raai bpee
anualmente	ทุกปี	thúk bpee
quatro vezes por ano	ปีละสี่ครั้ง	bpee lá sèe kráng

data (~ de hoje)	วันที่	wan thêe
data (ex. ~ de nascimento)	วันเดือนปี	wan deuan bpee
calendário (m)	ปฏิทิน	bpà-dtì-thin
meio ano	ครึ่งปี	khrêung bpee
seis meses	หกเดือน	hòk deuan

estação (f)   ฤดูกาล   réu-doo gaan
século (m)   ศตวรรษ   sà-dtà-wát

22. Unidades de medida

peso (m)   น้ำหนัก   nám nàk
comprimento (m)   ความยาว   khwaam yaao
largura (f)   ความกว้าง   khwaam gwâang
altura (f)   ความสูง   khwaam sŏong
profundidade (f)   ความลึก   khwaam léuk
volume (m)   ปริมาณ   bpà-rí-maan
área (f)   บริเวณ   bor-rí-wayn

grama (m)   กรัม   gram
miligrama (m)   มิลลิกรัม   min-lí gram
quilograma (m)   กิโลกรัม   gì-loh gram
tonelada (f)   ตัน   dtan
libra (453,6 gramas)   ปอนด์   bporn
onça (f)   ออนซ์   orn

metro (m)   เมตร   máyt
milímetro (m)   มิลลิเมตร   min-lí mâyt
centímetro (m)   เซ็นติเมตร   sen dtì mâyt
quilómetro (m)   กิโลเมตร   gì-loh máyt
milha (f)   ไมล์   mai

polegada (f)   นิ้ว   níw
pé (304,74 mm)   ฟุต   fút
jarda (914,383 mm)   หลา   lăa

metro (m) quadrado   ตารางเมตร   dtaa-raang máyt
hectare (m)   เฮกตาร์   hêek dtaa

litro (m)   ลิตร   lít
grau (m)   องศา   ong-săa
volt (m)   โวลต์   wohn
ampere (m)   แอมแปร์   aem-bpae
cavalo-vapor (m)   แรงม้า   raeng máa

quantidade (f)   จำนวน   jam-nuan
um pouco de ...   นิดนอย   nít nói
metade (f)   ครึ่ง   khrêung

dúzia (f)   โหล   lŏh
peça (f)   สวน   sùan

dimensão (f)   ขนาด   khà-nàat
escala (f)   มาตราสวน   mâat-dtraa sùan

mínimo   น้อยที่สุด   nói thêe sùt
menor, mais pequeno   เล็กที่สุด   lék thêe sùt
médio   กลาง   glaang
máximo   สูงสุด   sŏong sùt
maior, mais grande   ใหญ่ที่สุด   yài têe sùt

23. Recipientes

boião (m) de vidro	ขวดโหล	khùat lŏh
lata (~ de cerveja)	กระป๋อง	grà-bpŏrng
balde (m)	ถัง	thăng
barril (m)	ถัง	thăng
bacia (~ de plástico)	กะทะ	gà-thá
tanque (m)	ถังเก็บน้ำ	thăng gèp nám
cantil (m) de bolso	กระติกน้ำ	grà-dtìk nám
bidão (m) de gasolina	ภาชนะ	phaa-chá-ná
cisterna (f)	ถังบรรจุ	thăng ban-jù
caneca (f)	แก้ว	gâew
chávena (f)	ถ้วย	thûay
pires (m)	จานรอง	jaan rorng
copo (m)	แก้ว	gâew
taça (f) de vinho	แก้วไวน์	gâew wai
panela, caçarola (f)	หม้อ	môr
garrafa (f)	ขวด	khùat
gargalo (m)	ปาก	bpàak
jarro, garrafa (f)	คนโท	khon-thoh
jarro (m) de barro	เหยือก	yèuak
recipiente (m)	ภาชนะ	phaa-chá-ná
pote (m)	หม้อ	môr
vaso (m)	แจกัน	jae-gan
frasco (~ de perfume)	กระติก	grà-dtìk
frasquinho (ex. ~ de iodo)	ขวดเล็ก	khùat lék
tubo (~ de pasta dentífrica)	หลอด	lòrt
saca (ex. ~ de açúcar)	ถุง	thŭng
saco (~ de plástico)	ถุง	thŭng
maço (m)	ซอง	sorng
caixa (~ de sapatos, etc.)	กล่อง	glòrng
caixa (~ de madeira)	ลัง	lang
cesta (f)	ตะกร้า	dtà-grâa

O SER HUMANO

O ser humano. O corpo

24. Cabeça

cabeça (f)	หัว	hǔa
cara (f)	หน้า	nâa
nariz (m)	จมูก	jà-mòok
boca (f)	ปาก	bpàak
olho (m)	ตา	dtaa
olhos (m pl)	ตา	dtaa
pupila (f)	รูม่านตา	roo mâan dtaa
sobrancelha (f)	คิ้ว	khíw
pestana (f)	ขนตา	khǒn dtaa
pálpebra (f)	เปลือกตา	bplèuak dtaa
língua (f)	ลิ้น	lín
dente (m)	ฟัน	fan
lábios (m pl)	ริมฝีปาก	rim fěe bpàak
maçãs (f pl) do rosto	โหนกแก้ม	nòhk gâem
gengiva (f)	เหงือก	ngèuak
paladar (m)	เพดานปาก	phay-daan bpàak
narinas (f pl)	รูจมูก	roo jà-mòok
queixo (m)	คาง	khaang
mandíbula (f)	ขากรรไกร	khǎa gan-grai
bochecha (f)	แก้ม	gâem
testa (f)	หน้าผาก	nâa phàak
têmpora (f)	ขมับ	khà-màp
orelha (f)	หู	hǒo
nuca (f)	หลังศรีษะ	lăng sěe-sà
pescoço (m)	คอ	khor
garganta (f)	ลำคอ	lam khor
cabelos (m pl)	ผม	phǒm
penteado (m)	ทรงผม	song phǒm
corte (m) de cabelo	ทรงผม	song phǒm
peruca (f)	ผมปลอม	phǒm bplorm
bigode (m)	หนวด	nùat
barba (f)	เครา	krao
usar, ter (~ barba, etc.)	ไว้	lorng wái
trança (f)	ผมเปีย	phǒm bpia
suíças (f pl)	จอน	jorn
ruivo	ผมแดง	phǒm daeng
grisalho	ผมหงอก	phǒm ngòrk

calvo	หัวล้าน	hǔa láan
calva (f)	หัวล้าน	hǔa láan
rabo-de-cavalo (m)	ผมทรงหางม้า	phǒm song hǎang máa
franja (f)	ผมม้า	phǒm máa

25. Corpo humano

mão (f)	มือ	meu
braço (m)	แขน	khǎen
dedo (m)	นิ้ว	níw
dedo (m) do pé	นิ้วเท้า	níw tháo
polegar (m)	นิ้วโป้ง	níw bpôhng
dedo (m) mindinho	นิ้วก้อย	níw gôi
unha (f)	เล็บ	lép
punho (m)	กำปั้น	gam bpân
palma (f) da mão	ฝ่ามือ	fàa meu
pulso (m)	ข้อมือ	khôr meu
antebraço (m)	แขนช่วงล่าง	khǎen chûang lâang
cotovelo (m)	ข้อศอก	khôr sòrk
ombro (m)	ไหล่	lài
perna (f)	ขา	khǎa
pé (m)	เท้า	tháo
joelho (m)	หัวเข่า	hǔa khào
barriga (f) da perna	น่อง	nôrng
anca (f)	สะโพก	sà-phôhk
calcanhar (m)	สันเท้า	sôn tháo
corpo (m)	ร่างกาย	râang gaai
barriga (f)	ท้อง	thórng
peito (m)	อก	òk
seio (m)	หน้าอก	nâa òk
lado (m)	ข้าง	khâang
costas (f pl)	หลัง	lǎng
região (f) lombar	หลังส่วนล่าง	lǎng sùan lâang
cintura (f)	เอว	eo
umbigo (m)	สะดือ	sà-deu
nádegas (f pl)	ก้น	gôn
traseiro (m)	ก้น	gôn
sinal (m)	ไฝเสน่ห์	fǎi sà-này
sinal (m) de nascença	ปาน	bpaan
tatuagem (f)	รอยสัก	roi sàk
cicatriz (f)	แผลเป็น	phlǎe bpen

Vestuário & Acessórios

26. Roupa exterior. Casacos

roupa (f)	เสื้อผ้า	sêua phâa
roupa (f) exterior	เสื้อนอก	sêua nôk
roupa (f) de inverno	เสื้อกันหนาว	sêua gan năao
sobretudo (m)	เสื้อโค้ท	sêua khóht
casaco (m) de peles	เสื้อโค้ทขนสัตว์	sêua khóht khŏn sàt
casaco curto (m) de peles	แจ็คเก็ตขนสัตว์	jáek-gèt khŏn sàt
casaco (m) acolchoado	แจ็คเก็ตกันหนาว	jàek-gèt gan năao
casaco, blusão (m)	แจ็คเก็ต	jáek-gèt
impermeável (m)	เสื้อกันฝน	sêua gan fŏn
impermeável	ซึ่งกันน้ำได้	sêung gan náam dâai

27. Vestuário de homem & mulher

camisa (f)	เสื้อ	sêua
calças (f pl)	กางเกง	gaang-gayng
calças (f pl) de ganga	กางเกงยีนส์	gaang-gayng yeen
casaco (m) de fato	แจ็คเก็ตสูท	jàek-gèt sòot
fato (m)	ชุดสูท	chút sòot
vestido (ex. ~ vermelho)	ชุดเดรส	chút draet
saia (f)	กระโปรง	grà bprohng
blusa (f)	เสื้อ	sêua
casaco (m) de malha	แจ๊คเก็ตถัก	jáek-gèt thàk
casaco, blazer (m)	แจคเก็ต	jáek-gèt
T-shirt, camiseta (f)	เสื้อยืด	sêua yêut
calções (Bermudas, etc.)	กางเกงขาสั้น	gaang-gayng khăa sân
fato (m) de treino	ชุดวอรม	chút wom
roupão (m) de banho	เสื้อคลุมอาบน้ำ	sêua khlum àap náam
pijama (m)	ชุดนอน	chút norn
suéter (m)	เสื้อไหมพรม	sêua măi phrom
pulôver (m)	เสื้อกันหนาวแบบสวม	sêua gan năao bàep sŭam
colete (m)	เสื้อกั๊ก	sêua gák
fraque (m)	เสื้อเทลโค้ต	sêua thayn-khóht
smoking (m)	ชุดทักซิโด	chút thák sí dôh
uniforme (m)	เครื่องแบบ	khrêuang bàep
roupa (f) de trabalho	ชุดทำงาน	chút tam ngaan
fato-macaco (m)	ชุดเอี๊ยม	chút íam
bata (~ branca, etc.)	เสื้อคลุม	sêua khlum

28. Vestuário. Roupa interior

roupa (f) interior	ชุดชั้นใน	chút chán nai
cuecas boxer (f pl)	กางเกงในชาย	gaang-gayng nai chaai
cuecas (f pl)	กางเกงในสตรี	gaang-gayng nai sàt-dtree
camisola (f) interior	เสื้อชั้นใน	sêua chán nai
peúgas (f pl)	ถุงเท้า	thǔng tháo
camisa (f) de noite	ชุดนอนสตรี	chút norn sàt-dtree
sutiã (m)	ยกทรง	yók song
meias longas (f pl)	ถุงเท้ายาว	thǔng tháo yaao
meias-calças (f pl)	ถุงน่องเต็มตัว	thǔng nôrng dtem dtua
meias (f pl)	ถุงน่อง	thǔng nôrng
fato (m) de banho	ชุดว่ายน้ำ	chút wâai náam

29. Adereços de cabeça

chapéu (m)	หมวก	mùak
chapéu (m) de feltro	หมวก	mùak
boné (m) de beisebol	หมวกเบสบอล	mùak bàyt-bon
boné (m)	หมวกติงลี่	mùak dting lêe
boina (f)	หมวกเบเร่ต์	mùak bay-rây
capuz (m)	ฮูด	hóot
panamá (m)	หมวกปานามา	mùak bpaa-naa-maa
gorro (m) de malha	หมวกไหมพรม	mùak mǎi phrom
lenço (m)	ผ้าโพกศีรษะ	phâa phôhk sěe-sà
chapéu (m) de mulher	หมวกสตรี	mùak sàt-dtree
capacete (m) de proteção	หมวกนิรภัย	mùak ní-rá-phai
bivaque (m)	หมวกหนีบ	mùak nèep
capacete (m)	หมวกกันน็อค	mùak ní-rá-phai
chapéu-coco (m)	หมวกกลมทรงสูง	mùak glom song sǒong
chapéu (m) alto	หมวกทรงสูง	mùak song sǒong

30. Calçado

calçado (m)	รองเท้า	rorng tháo
botinas (f pl)	รองเท้า	rorng tháo
sapatos (de salto alto, etc.)	รองเท้า	rorng tháo
botas (f pl)	รองเท้าบูท	rorng tháo bòot
pantufas (f pl)	รองเท้าแตะในบ้าน	rorng tháo dtàe nai bâan
ténis (m pl)	รองเท้ากีฬา	rorng tháo gee-laa
sapatilhas (f pl)	รองเท้าผ้าใบ	rorng tháo phâa bai
sandálias (f pl)	รองเทาแตะ	rorng tháo dtàe
sapateiro (m)	คนซ่อมรองเท้า	khon sôrm rorng tháo
salto (m)	สนรองเทา	sôn rorng tháo

par (m) คู่ khôo
atacador (m) เชือกรองเท้า chêuak rorng tháo
apertar os atacadores ผูกเชือกรองเท้า phòok chêuak rorng tháo
calçadeira (f) ที่ช้อนรองเท้า thêe chón rorng tháo
graxa (f) para calçado ยาขัดรองเท้า yaa khàt rorng tháo

31. Acessórios pessoais

luvas (f pl) ถุงมือ thŭng meu
mitenes (f pl) ถุงมือ thŭng meu
cachecol (m) ผ้าพันคอ phâa phan khor

óculos (m pl) แว่นตา wâen dtaa
armação (f) de óculos กรอบแว่น gròrp wâen
guarda-chuva (m) ร่ม rôm
bengala (f) ไม้เท้า máai tháo
escova (f) para o cabelo แปรงหวีผม bpraeng wĕe phŏm
leque (m) พัด phát

gravata (f) เนคไท nâyk-thai
gravata-borboleta (f) โบว์หูกระต่าย boh hŏo grà-dtàai
suspensórios (m pl) สายเอี้ยม săai íam
lenço (m) ผ้าเช็ดหน้า phâa chét-nâa

pente (m) หวี wĕe
travessão (m) ที่หนีบผม têe nèep phŏm
gancho (m) de cabelo กิ๊บ gíp
fivela (f) หัวเข็มขัด hŭa khĕm khàt

cinto (m) เข็มขัด khĕm khàt
correia (f) สายกระเป๋า săai grà-bpăo

mala (f) กระเป๋า grà-bpăo
mala (f) de senhora กระเป๋าถือ grà-bpăo thĕu
mochila (f) กระเป๋าสะพายหลัง grà-bpăo sà-phaai lăng

32. Vestuário. Diversos

moda (f) แฟชั่น fae-chân
na moda ค่านิยม khâa ní-yom
estilista (m) นักออกแบบแฟชั่น nák òrk bàep fae-chân

colarinho (m), gola (f) คอปกเสื้อ khor bpòk sêua
bolso (m) กระเป๋า grà-bpăo
de bolso กระเป๋า grà-bpăo
manga (f) แขนเสื้อ khăen sêua
presilha (f) ที่แขวนเสื้อ thêe khwăen sêua
braguilha (f) ซิปกางเกง síp gaang-gayng

fecho (m) de correr ซิป síp
fecho (m), colchete (m) ซิป síp
botão (m) กระดุม grà dum

casa (f) de botão	รูกระดุม	roo grà dum
saltar (vi) (botão, etc.)	หลุดออก	lùt òrk
coser, costurar (vi)	เย็บ	yép
bordar (vt)	ปัก	bpàk
bordado (m)	ลายปัก	laai bpàk
agulha (f)	เข็มเย็บผ้า	khěm yép phâa
fio (m)	เส้นด้าย	sây-dâai
costura (f)	รอยเย็บ	roi yép
sujar-se (vr)	สกปรก	sòk-gà-bpròk
mancha (f)	รอยเปื้อน	roi bpêuan
engelhar-se (vr)	พับเป็นรอยยับ	pháp bpen roi yôn
rasgar (vt)	ฉีก	chèek
traça (f)	แมลงกินผ้า	má-laeng gin phâa

33. Cuidados pessoais. Cosméticos

pasta (f) de dentes	ยาสีฟัน	yaa sěe fan
escova (f) de dentes	แปรงสีฟัน	bpraeng sěe fan
escovar os dentes	แปรงฟัน	bpraeng fan
máquina (f) de barbear	มีดโกน	mêet gohn
creme (m) de barbear	ครีมโกนหนวด	khreem gohn nùat
barbear-se (vr)	โกน	gohn
sabonete (m)	สบู่	sà-bòo
champô (m)	แชมพู	chaem-phoo
tesoura (f)	กรรไกร	gan-grai
lima (f) de unhas	ตะไบเล็บ	dtà-bai lép
corta-unhas (m)	กรรไกรตัดเล็บ	gan-grai dtàt lép
pinça (f)	แหนบ	nàep
cosméticos (m pl)	เครื่องสำอาง	khrêuang sǎm-aang
máscara (f) facial	มาสก์หน้า	mâak nâa
manicura (f)	การแต่งเล็บ	gaan dtàeng lép
fazer a manicura	แต่งเล็บ	dtàeng lép
pedicure (f)	การแต่งเล็บเท้า	gaan dtàeng lép táo
mala (f) de maquilhagem	กระเป๋าเครื่องสำอาง	grà-bpǎo khrêuang sǎm-aang
pó (m)	แป้งฝุ่น	bpâeng-fùn
caixa (f) de pó	ตลับแป้ง	dtà-làp bpâeng
blush (m)	แป้งทาแก้ม	bpâeng thaa gâem
perfume (m)	น้ำหอม	nám hǒrm
água (f) de toilette	น้ำหอมอ่อนๆ	náam hǒrm òn òn
loção (f)	โลชั่น	loh-chân
água-de-colónia (f)	โคโลญจ์	khoh-lohn
sombra (f) de olhos	อายแชโดว์	aai-chae-doh
lápis (m) delineador	อายไลเนอร์	aai lai-ner
máscara (f), rímel (m)	มาสคารา	mâat-khaa-râa
batom (m)	ลิปสติก	líp-sà-dtìk

verniz (m) de unhas	น้ำยาทาเล็บ	nám yaa-thaa lép
laca (f) para cabelos	สเปรย์ฉีดผม	sà-bpray chèet phŏm
desodorizante (m)	ยาดับกลิ่น	yaa dàp glìn
creme (m)	ครีม	khreem
creme (m) de rosto	ครีมทาหน้า	khreem thaa nâa
creme (m) de mãos	ครีมทามือ	khreem thaa meu
creme (m) antirrugas	ครีมลดริ้วรอย	khreem lót ríw roi
creme (m) de dia	ครีมกลางวัน	khreem klaang wan
creme (m) de noite	ครีมกลางคืน	khreem klaang kheun
de dia	กลางวัน	glaang wan
da noite	กลางคืน	glaang kheun
tampão (m)	ผ้าอนามัยแบบสอด	phâa a-naa-mai bàep sòrt
papel (m) higiénico	กระดาษชำระ	grà-dàat cham-rá
secador (m) elétrico	เครื่องเป่าผม	khrêuang bpào phŏm

34. Relógios de pulso. Relógios

relógio (m) de pulso	นาฬิกา	naa-lí-gaa
mostrador (m)	หน้าปัด	nâa bpàt
ponteiro (m)	เข็ม	khĕm
bracelete (f) em aço	สายนาฬิกาข้อมือ	săai naa-lí-gaa khôr meu
bracelete (f) em pele	สายรัดข้อมือ	săai rát khôr meu
pilha (f)	แบตเตอรี่	bàet-dter-rêe
descarregar-se	หมด	mòt
trocar a pilha	เปลี่ยนแบตเตอรี่	bplìan bàet-dter-rêe
estar adiantado	เดินเร็วเกินไป	dern reo gern bpai
estar atrasado	เดินช้า	dern cháa
relógio (m) de parede	นาฬิกาแขวนผนัง	naa-lí-gaa khwăen phà-năng
ampulheta (f)	นาฬิกาทราย	naa-lí-gaa saai
relógio (m) de sol	นาฬิกาแดด	naa-lí-gaa dàet
despertador (m)	นาฬิกาปลุก	naa-lí-gaa bplùk
relojoeiro (m)	ช่างซ่อมนาฬิกา	châang sôrm naa-lí-gaa
reparar (vt)	ซ่อม	sôrm

Alimantaçáo. Nutriçáo

35. Comida

carne (f)	เนื้อ	néua
galinha (f)	ไก่	gài
frango (m)	เนื้อลูกไก่	néua lôok gài
pato (m)	เป็ด	bpèt
ganso (m)	ห่าน	hàan
caça (f)	สัตว์ที่ล่า	sàt thêe lâa
peru (m)	ไก่งวง	gài nguang

carne (f) de porco	เนื้อหมู	néua mǒo
carne (f) de vitela	เนื้อลูกวัว	néua lôok wua
carne (f) de carneiro	เนื้อแกะ	néua gàe
carne (f) de vaca	เนื้อวัว	néua wua
carne (f) de coelho	เนื้อกระต่าย	néua grà-dtàai

chouriço, salsicháo (m)	ไส้กรอก	sâi gròrk
salsicha (f)	ไส้กรอกเวียนนา	sâi gròrk wian-naa
bacon (m)	หมูเบคอน	mǒo bay-khorn
fiambre (f)	แฮม	haem
presunto (m)	แฮมแกมมอน	haem gaem-morn

patê (m)	ปาเต	bpaa dtay
fígado (m)	ตับ	dtàp
carne (f) moída	เนื้อสับ	néua sàp
língua (f)	ลิ้น	lín

ovo (m)	ไข่	khài
ovos (m pl)	ไข่	khài
clara (f) do ovo	ไข่ขาว	khài khǎao
gema (f) do ovo	ไข่แดง	khài daeng

peixe (m)	ปลา	bplaa
marisco (m)	อาหารทะเล	aa hǎan thá-lay
crustáceos (m pl)	สัตว์พวกกุ้งกั้งปู	sàt phûak gûng gâng bpoo
caviar (m)	ไข่ปลา	khài-bplaa

caranguejo (m)	ปู	bpoo
camaráo (m)	กุ้ง	gûng
ostra (f)	หอยนางรม	hǒi naang rom
lagosta (f)	กุ้งมังกร	gûng mang-gon
polvo (m)	ปลาหมึก	bplaa mèuk
lula (f)	ปลาหมึกกล้วย	bplaa mèuk-glûay

esturjáo (m)	ปลาสเตอร์เจียน	bpláa sà-dtêr jian
salmáo (m)	ปลาแซลมอน	bplaa saen-morn
halibute (m)	ปลาตาเดียว	bplaa dtaa-dieow
bacalhau (m)	ปลาค็อด	bplaa khót

cavala, sarda (f)	ปลาแม็คเคอเร็ล	bplaa máek-kay-a-rěn
atum (m)	ปลาทูน่า	bplaa thoo-nâa
enguia (f)	ปลาไหล	bplaa lǎi
truta (f)	ปลาเทราท์	bplaa thrau
sardinha (f)	ปลาซาร์ดีน	bplaa saa-deen
lúcio (m)	ปลาไพค์	bplaa phai
arenque (m)	ปลาเฮอร์ริง	bplaa her-ring
pão (m)	ขนมปัง	khà-nǒm bpang
queijo (m)	เนยแข็ง	noie khǎeng
açúcar (m)	น้ำตาล	nám dtaan
sal (m)	เกลือ	gleua
arroz (m)	ข้าว	khâao
massas (f pl)	พาสต้า	phâat-dtâa
talharim (m)	กวยเตี๋ยว	gǔay-dtǐeow
manteiga (f)	เนย	noie
óleo (m) vegetal	น้ำมันพืช	nám man phêut
óleo (m) de girassol	น้ำมันดอกทานตะวัน	nám man dòrk thaan dtà-wan
margarina (f)	เนยเทียม	noie thiam
azeitonas (f pl)	มะกอก	má-gòrk
azeite (m)	น้ำมันมะกอก	nám man má-gòrk
leite (m)	นม	nom
leite (m) condensado	นมข้น	nom khôn
iogurte (m)	โยเกิร์ต	yoh-gèrt
nata (f)	ซาวร์ครีม	saao khreem
nata (f) do leite	ครีม	khreem
maionese (f)	มายองเนส	maa-yorng-nâyt
creme (m)	สวนผสมของเนย และน้ำตาล	sùan phà-sǒm khǒrng noie láe nám dtaan
grãos (m pl) de cereais	เมล็ดธัญพืช	má-lét than-yá-phêut
farinha (f)	แป้ง	bpâeng
enlatados (m pl)	อาหารกระป๋อง	aa-hǎan grà-bpǒrng
flocos (m pl) de milho	คอร์นเฟลค	khorn-flâyk
mel (m)	น้ำผึ้ง	nám phêung
doce (m)	แยม	yaem
pastilha (f) elástica	หมากฝรั่ง	màak fà-ràng

36. Bebidas

água (f)	น้ำ	nám
água (f) potável	น้ำดื่ม	nám dèum
água (f) mineral	น้ำแร่	nám râe
sem gás	ไม่มีฟอง	mâi mee forng
gaseificada	น้ำอัดลม	nám àt lom
com gás	มีฟอง	mee forng

gelo (m)	น้ำแข็ง	nám khăeng
com gelo	ใส่น้ำแข็ง	sài nám khăeng
sem álcool	ไม่มีแอลกอฮอล์	mâi mee aen-gor-hor
bebida (f) sem álcool	เครื่องดื่มที่ไม่มีแอลกอฮอล์	krêuang dèum têe mâi mee aen-gor-hor
refresco (m)	เครื่องดื่มให้ความสดชื่น	khrêuang dèum hâi khwaam sòt chêun
limonada (f)	น้ำเลมอนเนด	nám lay-morn-nâyt
bebidas (f pl) alcoólicas	เหล้า	lăo
vinho (m)	ไวน์	wai
vinho (m) branco	ไวน์ขาว	wai khăao
vinho (m) tinto	ไวน์แดง	wai daeng
licor (m)	สุรา	sù-raa
champanhe (m)	แชมเปญ	chaem-bpayn
vermute (m)	เหล้าองุ่นขาวซึ่งมีกลิ่นหอม	lâo a-ngùn khăao sêung mee glìn hŏrm
uísque (m)	เหล้าวิสกี้	lăo wít-sa-gêe
vodka (f)	เหล้าวอดก้า	lăo wórt-gâa
gim (m)	เหล้ายิน	lăo yin
conhaque (m)	เหล้าคอนยัก	lăo khorn yák
rum (m)	เหล้ารัม	lăo ram
café (m)	กาแฟ	gaa-fae
café (m) puro	กาแฟดำ	gaa-fae dam
café (m) com leite	กาแฟใส่นม	gaa-fae sài nom
cappuccino (m)	กาแฟคาปูชิโน	gaa-fae khaa bpoo chí noh
café (m) solúvel	กาแฟสำเร็จรูป	gaa-fae săm-rèt rôop
leite (m)	นม	nom
coquetel (m)	ค็อกเทล	khók-tayn
batido (m) de leite	มิลค์เชค	min-châyk
sumo (m)	น้ำผลไม้	nám phŏn-lá-máai
sumo (m) de tomate	น้ำมะเขือเทศ	nám má-khĕua thâyt
sumo (m) de laranja	น้ำส้ม	nám sôm
sumo (m) fresco	น้ำผลไม้คั้นสด	nám phŏn-lá-máai khán sòt
cerveja (f)	เบียร์	bia
cerveja (f) clara	เบียร์ไลท์	bia lai
cerveja (f) preta	เบียร์ดาร์ค	bia dàak
chá (m)	ชา	chaa
chá (m) preto	ชาดำ	chaa dam
chá (m) verde	ชาเขียว	chaa khĭeow

37. Vegetais

legumes (m pl)	ผัก	phàk
verduras (f pl)	ผักใบเขียว	phàk bai khĭeow
tomate (m)	มะเขือเทศ	má-khĕua thâyt

Português	ไทย	Transliteração
pepino (m)	แตงกวา	dtaeng-gwaa
cenoura (f)	แครอท	khae-rót
batata (f)	มันฝรั่ง	man fà-ràng
cebola (f)	หัวหอม	hǔa hǒrm
alho (m)	กระเทียม	grà-thiam
couve (f)	กะหล่ำปลี	gà-làm bplee
couve-flor (f)	ดอกกะหล่ำ	dòrk gà-làm
couve-de-bruxelas (f)	กะหล่ำดาว	gà-làm-daao
brócolos (m pl)	บร็อคโคลี่	bròrk-khoh-lêe
beterraba (f)	บีทรูท	bee-trôot
beringela (f)	มะเขือยาว	má-khěua-yaao
curgete (f)	แตงซูคินี	dtaeng soo-khí-nee
abóbora (f)	ฟักทอง	fák-thorng
nabo (m)	หัวผักกาด	hǔa-phàk-gàat
salsa (f)	ผักชีฝรั่ง	phàk chee fà-ràng
funcho, endro (m)	ผักชีลาว	phàk-chee-laao
alface (f)	ผักกาดหอม	phàk gàat hǒrm
aipo (m)	คื่นช่าย	khêun-châai
espargo (m)	หน่อไม้ฝรั่ง	nòr máai fà-ràng
espinafre (m)	ผักขม	phàk khǒm
ervilha (f)	ถั่วลันเตา	thùa-lan-dtao
fava (f)	ถั่ว	thùa
milho (m)	ข้าวโพด	khâao-phôht
feijão (m)	ถั่วรูปไต	thùa rôop dtai
pimentão (m)	พริกหยวก	phrík-yùak
rabanete (m)	หัวไชเท้า	hǔa chai tháo
alcachofra (f)	อาร์ติโชค	aa dtì chôhk

38. Frutos. Nozes

Português	ไทย	Transliteração
fruta (f)	ผลไม้	phǒn-lá-máai
maçã (f)	แอปเปิ้ล	àep-bpêrn
pera (f)	แพร	phae
limão (m)	มะนาว	má-naao
laranja (f)	ส้ม	sôm
morango (m)	สตรอว์เบอร์รี่	sà-dtror-ber-rêe
tangerina (f)	ส้มแมนดาริน	sôm maen daa rin
ameixa (f)	พลัม	phlam
pêssego (m)	ลูกท้อ	lôok thór
damasco (m)	แอปริคอท	ae-bprì-khôrt
framboesa (f)	ราสเบอร์รี่	râat-ber-rêe
ananás (m)	สับปะรด	sàp-bpà-rót
banana (f)	กล้วย	glûay
melancia (f)	แตงโม	dtaeng moh
uva (f)	องุ่น	a-ngùn
ginja (f)	เชอร์รี่	cher-rêe
cereja (f)	เชอร์รี่ป่า	cher-rêe bpàa

meloa (f)	เมลอน	may-lorn
toranja (f)	ส้มโอ	sôm oh
abacate (m)	อะโวคาโด	a-who-khaa-doh
papaia (f)	มะละกอ	má-lá-gor
manga (f)	มะม่วง	má-mûang
romã (f)	ทับทิม	tháp-thim
groselha (f) vermelha	เรดเคอร์แรนท์	râyt-khêr-raen
groselha (f) preta	แบล็คเคอร์แรนท์	blàek khêr-raen
groselha (f) espinhosa	กูสเบอร์รี่	gòot-ber-rêe
mirtilo (m)	บิลเบอร์รี่	bil-ber-rêe
amora silvestre (f)	แบล็คเบอร์รี่	blàek ber-rêe
uvas (f pl) passas	ลูกเกด	lôok gàyt
figo (m)	มะเดื่อฝรั่ง	má dèua fà-ràng
tâmara (f)	ลูกอินทผลัม	lôok in-thá-plăm
amendoim (m)	ถั่วลิสง	thùa-lí-sŏng
amêndoa (f)	อัลมอนด์	an-morn
noz (f)	วอลนัต	wor-lá-nát
avelã (f)	เฮเซลนัท	hay sayn nát
coco (m)	มะพร้าว	má-phráao
pistáchios (m pl)	ถั่วพิสตาชิโอ	thùa phít dtaa chí oh

39. Páo. Bolaria

pastelaria (f)	ขนม	khà-nŏm
pão (m)	ขนมปัง	khà-nŏm bpang
bolacha (f)	คุกกี้	khúk-gêe
chocolate (m)	ช็อกโกแลต	chók-goh-láet
de chocolate	ช็อกโกแลต	chók-goh-láet
rebuçado (m)	ลูกกวาด	lôok gwàat
bolo (cupcake, etc.)	ขนมเค้ก	khà-nŏm kháyk
bolo (m) de aniversário	ขนมเค้ก	khà-nŏm kháyk
tarte (~ de maçã)	ขนมพาย	khà-nŏm phaai
recheio (m)	ไส้ในขนม	sâi nai khà-nŏm
doce (m)	แยม	yaem
geleia (f) de frutas	แยมผิวส้ม	yaem phĭw sôm
waffle (m)	วาฟเฟิล	waaf-fern
gelado (m)	ไอศกรีม	ai-sà-greem
pudim (m)	พุดดิ้ง	phút-dîng

40. Pratos cozinhados

prato (m)	มื้ออาหาร	méu aa-hăan
cozinha (~ portuguesa)	อาหาร	aa-hăan
receita (f)	ตำราอาหาร	dtam-raa aa-hăan
porção (f)	ส่วน	sùan
salada (f)	สลัด	sà-làt

sopa (f)	ซุป	súp
caldo (m)	ซุปน้ำใส	súp nám-săi
sandes (f)	แซนด์วิช	saen-wít
ovos (m pl) estrelados	ไข่ทอด	khài thôrt
hambúrguer (m)	แฮมเบอร์เกอร์	haem-ber-gêr
bife (m)	สเต็กเนื้อ	sà-dtèk néua
conduto (m)	เครื่องเคียง	khrêuang khiang
espaguete (m)	สปาเก็ตตี้	sà-bpaa-gèt-dtêe
puré (m) de batata	มันฝรั่งบด	man fà-ràng bòt
pizza (f)	พิซซ่า	phít-sâa
papa (f)	ข้าวต้ม	khâao-dtôm
omelete (f)	ไข่เจียว	khài jieow
cozido em água	ต้ม	dtôm
fumado	รมควัน	rom khwan
frito	ทอด	thôrt
seco	ตากแห้ง	dtàak hâeng
congelado	แช่แข็ง	châe khăeng
em conserva	ดอง	dorng
doce (açucarado)	หวาน	wăan
salgado	เค็ม	khem
frio	เย็น	yen
quente	ร้อน	rórn
amargo	ขม	khŏm
gostoso	อร่อย	à-ròi
cozinhar (em água a ferver)	ต้ม	dtôm
fazer, preparar (vt)	ทำอาหาร	tham aa-hăan
fritar (vt)	ทอด	thôrt
aquecer (vt)	อุ่น	ùn
salgar (vt)	ใส่เกลือ	sài gleua
apimentar (vt)	ใส่พริกไทย	sài phrík thai
ralar (vt)	ขูด	khòot
casca (f)	เปลือก	bplèuak
descascar (vt)	ปอกเปลือก	bpòrk bplêuak

41. Especiarias

sal (m)	เกลือ	gleua
salgado	เค็ม	khem
salgar (vt)	ใส่เกลือ	sài gleua
pimenta (f) preta	พริกไทย	phrík thai
pimenta (f) vermelha	พริกแดง	phrík daeng
mostarda (f)	มัสตาร์ด	mát-dtàat
raiz-forte (f)	ฮอสแรดิช	hórt rae dìt
condimento (m)	เครื่องปรุงรส	khrêuang bprung rót
especiaria (f)	เครื่องเทศ	khrêuang thâyt
molho (m)	ซอส	sós

vinagre (m)	น้ำส้มสายชู	nám sôm săai choo
anis (m)	เทียนสัตตบุษย์	thian-sàt-dtà-bùt
manjericão (m)	ใบโหระพา	bai hŏh rá phaa
cravo (m)	กานพลู	gaan-phloo
gengibre (m)	ขิง	khĭng
coentro (m)	ผักชีลา	pàk-chee-laa
canela (f)	อบเชย	òp-choie
sésamo (m)	งา	ngaa
folhas (f pl) de louro	ใบกระวาน	bai grà-waan
páprica (f)	พริกป่น	phrík bpòn
cominho (m)	เทียนตากบ	thian dtaa gòp
açafrão (m)	หญ้าฝรั่น	yâa fà-ràn

42. Refeições

comida (f)	อาหาร	aa-hăan
comer (vt)	กิน	gin
pequeno-almoço (m)	อาหารเช้า	aa-hăan cháo
tomar o pequeno-almoço	ทานอาหารเช้า	thaan aa-hăan cháo
almoço (m)	ข้าวเที่ยง	khâao thîang
almoçar (vi)	ทานอาหารเที่ยง	thaan aa-hăan thîang
jantar (m)	อาหารเย็น	aa-hăan yen
jantar (vi)	ทานอาหารเย็น	thaan aa-hăan yen
apetite (m)	ความอยากอาหาร	kwaam yàak aa hăan
Bom apetite!	กินให้อร่อย!	gin hâi a-ròi
abrir (~ uma lata, etc.)	เปิด	bpèrt
derramar (vt)	ทำหก	tham hòk
derramar-se (vr)	ทำหกออกมา	tham hòk òrk maa
ferver (vi)	ต้ม	dtôm
ferver (vt)	ต้ม	dtôm
fervido	ต้ม	dtôm
arrefecer (vt)	แช่เย็น	châe yen
arrefecer-se (vr)	แช่เย็น	châe yen
sabor, gosto (m)	รสชาติ	rót châat
gostinho (m)	รส	rót
fazer dieta	ลดน้ำหนัก	lót nám nàk
dieta (f)	อาหารพิเศษ	aa-hăan phí-sàyt
vitamina (f)	วิตามิน	wí-dtaa-min
caloria (f)	แคลอรี่	khae-lor-rêe
vegetariano (m)	คนกินเจ	khon gin jay
vegetariano	มังสวิรัติ	mang-sà-wí-rát
gorduras (f pl)	ไขมัน	khăi man
proteínas (f pl)	โปรตีน	bproh-dteen
carboidratos (m pl)	คาร์โบไฮเดรต	kaa-boh-hai-dràyt
fatia (~ de limão, etc.)	แผ่น	phàen
pedaço (~ de bolo)	ชิ้น	chín
migalha (f)	เศษ	sàyt

43. Por a mesa

colher (f)	ช้อน	chórn
faca (f)	มีด	mêet
garfo (m)	ส้อม	sôrm
chávena (f)	แก้ว	gâew
prato (m)	จาน	jaan
pires (m)	จานรอง	jaan rorng
guardanapo (m)	ผ้าเช็ดปาก	phâa chét bpàak
palito (m)	ไม้จิ้มฟัน	máai jîm fan

44. Restaurante

restaurante (m)	ร้านอาหาร	ráan aa-hăan
café (m)	ร้านกาแฟ	ráan gaa-fae
bar (m), cervejaria (f)	ร้านเหล้า	ráan lâo
salão (m) de chá	ร้านน้ำชา	ráan nám chaa
empregado (m) de mesa	คนเสิร์ฟชาย	khon sèrf chaai
empregada (f) de mesa	คนเสิร์ฟหญิง	khon sèrf yĭng
barman (m)	บาร์เทนเดอร์	baa-thayn-dêr
ementa (f)	เมนู	may-noo
lista (f) de vinhos	รายการไวน์	raai gaan wai
reservar uma mesa	จองโต๊ะ	jorng dtó
prato (m)	มื้ออาหาร	méu aa-hăan
pedir (vt)	สั่ง	sàng
fazer o pedido	สั่งอาหาร	sàng aa-hăan
aperitivo (m)	เครื่องดื่มเหล้าก่อนอาหาร	khrêuang dèum lâo gòrn aa-hăan
entrada (f)	ของกินเล่น	kŏrng gin lâyn
sobremesa (f)	ของหวาน	kŏrng wăan
conta (f)	คิดเงิน	khít ngern
pagar a conta	จ่ายค่าอาหาร	jàai khâa aa hăan
dar o troco	ให้เงินทอน	hâi ngern thorn
gorjeta (f)	เงินทิป	ngern thíp

Família, parentes e amigos

45. Informação pessoal. Formulários

nome (m)	ชื่อ	chêu
apelido (m)	นามสกุล	naam sà-gun
data (f) de nascimento	วันเกิด	wan gèrt
local (m) de nascimento	สถานที่เกิด	sà-thăan thêe gèrt
nacionalidade (f)	สัญชาติ	săn-châat
lugar (m) de residência	ที่อยู่อาศัย	thêe yòo aa-săi
país (m)	ประเทศ	bprà-thâyt
profissão (f)	อาชีพ	aa-chêep
sexo (m)	เพศ	phâyt
estatura (f)	ความสูง	khwaam sŏong
peso (m)	น้ำหนัก	nám nàk

46. Membros da família. Parentes

mãe (f)	มารดา	maan-daa
pai (m)	บิดา	bì-daa
filho (m)	ลูกชาย	lôok chaai
filha (f)	ลูกสาว	lôok săao
filha (f) mais nova	ลูกสาวคนเล็ก	lôok săao khon lék
filho (m) mais novo	ลูกชายคนเล็ก	lôok chaai khon lék
filha (f) mais velha	ลูกสาวคนโต	lôok săao khon dtoh
filho (m) mais velho	ลูกชายคนโต	lôok chaai khon dtoh
irmão (m) mais velho	พี่ชาย	phêe chaai
irmão (m) mais novo	น้องชาย	nórng chaai
irmã (f) mais velha	พี่สาว	phêe săao
irmã (f) mais nova	น้องสาว	nórng săao
primo (m)	ลูกพี่ลูกน้อง	lôok phêe lôok nórng
prima (f)	ลูกพี่ลูกน้อง	lôok phêe lôok nórng
mamã (f)	แม่	mâe
papá (m)	พ่อ	phôr
pais (pl)	พ่อแม่	phôr mâe
criança (f)	เด็ก, ลูก	dèk, lôok
crianças (f pl)	เด็กๆ	dèk dèk
avó (f)	ย่า, ยาย	yâa, yaai
avô (m)	ปู่, ตา	bpòo, dtaa
neto (m)	หลานชาย	lăan chaai
neta (f)	หลานสาว	lăan săao

netos (pl)	หลาน ๆ	lăan
tio (m)	ลุง	lung
tia (f)	ป้า	bpâa
sobrinho (m)	หลานชาย	lăan chaai
sobrinha (f)	หลานสาว	lăan săao
sogra (f)	แม่ยาย	mâe yaai
sogro (m)	พ่อสามี	phôr săa-mee
genro (m)	ลูกเขย	lôok khŏie
madrasta (f)	แม่เลี้ยง	mâe líang
padrasto (m)	พ่อเลี้ยง	phôr líang
criança (f) de colo	ทารก	thaa-rók
bebé (m)	เด็กเล็ก	dèk lék
menino (m)	เด็ก	dèk
mulher (f)	ภรรยา	phan-rá-yaa
marido (m)	สามี	săa-mee
esposo (m)	สามี	săa-mee
esposa (f)	ภรรยา	phan-rá-yaa
casado	แต่งงานแล้ว	dtàeng ngaan láew
casada	แต่งงานแล้ว	dtàeng ngaan láew
solteiro	เป็นโสด	bpen sòht
solteirão (m)	ชายโสด	chaai sòht
divorciado	หย่าแล้ว	yàa láew
viúva (f)	แม่หม้าย	mâe mâai
viúvo (m)	พ่อหม้าย	phôr mâai
parente (m)	ญาติ	yâat
parente (m) próximo	ญาติใกล้ชิด	yâat glâi chít
parente (m) distante	ญาติห่าง ๆ	yâat hàang hàang
parentes (m pl)	ญาติ ๆ	yâat
órfão (m)	เด็กชายกำพร้า	dèk chaai gam phráa
órfã (f)	เด็กหญิงกำพร้า	dèk yĭng gam phráa
tutor (m)	ผู้ปกครอง	phôo bpòk khrorng
adotar (um filho)	บุญธรรม	bun tham
adotar (uma filha)	บุญธรรม	bun tham

Medicina

47. Doenças

doença (f)	โรค	rôhk
estar doente	ป่วย	bpùay
saúde (f)	สุขภาพ	sùk-khà-phâap
nariz (m) a escorrer	น้ำมูกไหล	nám môok lăi
amigdalite (f)	ตอมทอนซิลอักเสบ	dtòm thorn-sin àk-sàyp
constipação (f)	หวัด	wàt
constipar-se (vr)	เป็นหวัด	bpen wàt
bronquite (f)	โรคหลอดลมอักเสบ	rôhk lòrt lom àk-sàyp
pneumonia (f)	โรคปอดบวม	rôhk bpòrt-buam
gripe (f)	ไข้หวัดใหญ่	khâi wàt yài
míope	สายตาสั้น	săai dtaa sân
presbita	สายตายาว	săai dtaa yaao
estrabismo (m)	ตาเหล่	dtaa lày
estrábico	เป็นตาเหล่	bpen dtaa kăy rĕu lày
catarata (f)	ต้อกระจก	dtôr grà-jòk
glaucoma (m)	ต้อหิน	dtôr hĭn
AVC (m), apoplexia (f)	โรคหลอดเลือดสมอง	rôhk lòrt lêuat sà-mŏrng
ataque (m) cardíaco	อาการหัวใจวาย	aa-gaan hŭa jai waai
enfarte (m) do miocárdio	กล้ามเนื้อหัวใจตายเหตุขาดเลือด	glâam néua hŭa jai dtaai hàyt khàat lêuat
paralisia (f)	อัมพาต	am-má-phâat
paralisar (vt)	ทำให้เป็นอัมพาต	tham hâi bpen am-má-phâat
alergia (f)	ภูมิแพ้	phoom pháe
asma (f)	โรคหืด	rôhk hèut
diabetes (f)	โรคเบาหวาน	rôhk bao wăan
dor (f) de dentes	อาการปวดฟัน	aa-gaan bpùat fan
cárie (f)	ฟันผุ	fan phù
diarreia (f)	อาการท้องเสีย	aa-gaan thórng sĭa
prisão (f) de ventre	อาการท้องผูก	aa-gaan thórng phòok
desarranjo (m) intestinal	อาการปวดท้อง	aa-gaan bpùat thórng
intoxicação (f) alimentar	ภาวะอาหารเป็นพิษ	phaa-wá aa hăan bpen pít
intoxicar-se	กินอาหารเป็นพิษ	gin aa hăan bpen phít
artrite (f)	โรคข้ออักเสบ	rôhk khôr àk-sàyp
raquitismo (m)	โรคกระดูกอ่อน	rôhk grà-dòok òrn
reumatismo (m)	โรครูมาติก	rôhk roo-maa-dtìk
arteriosclerose (f)	ภาวะหลอดเลือดแข็ง	phaa-wá lòrt lêuat khăeng
gastrite (f)	โรคกระเพาะอาหาร	rôhk grà-phór aa-hăan
apendicite (f)	ไส้ติ่งอักเสบ	sâi dtìng àk-sàyp

colecistite (f)	โรคถุงน้ำดีอักเสบ	rôhk thǔng nám dee àk-sàyp
úlcera (f)	แผลเปื่อย	phlǎe bpèuay
sarampo (m)	โรคหัด	rôhk hàt
rubéola (f)	โรคหัดเยอรมัน	rôhk hàt yer-rá-man
iterícia (f)	โรคดีซ่าน	rôhk dee sâan
hepatite (f)	โรคตับอักเสบ	rôhk dtàp àk-sàyp
esquizofrenia (f)	โรคจิตเภท	rôhk jìt-dtà-phâyt
raiva (f)	โรคพิษสุนัขบ้า	rôhk phít sù-nák bâa
neurose (f)	โรคประสาท	rôhk bprà-sàat
comoção (f) cerebral	สมองกระทบกระเทือน	sà-mǒrng grà-thóp grà-theuan
cancro (m)	มะเร็ง	má-reng
esclerose (f)	การแข็งตัวของเนื้อเยื่อรางกาย	gaan kǎeng dtua kǒng néua yêua râang gaai
esclerose (f) múltipla	โรคปลอกประสาทเสื่อมแข็ง	rôhk bplòk bprà-sàat sèuam kǎeng
alcoolismo (m)	โรคพิษสุราเรื้อรัง	rôhk phít sù-raa réua rang
alcoólico (m)	คนขี้เหล้า	khon khêe lâo
sífilis (f)	โรคซิฟิลิส	rôhk sí-fí-lít
SIDA (f)	โรคเอดส์	rôhk àyt
tumor (m)	เนื้องอก	néua ngôk
maligno	ราย	ráai
benigno	ไม่ราย	mâi ráai
febre (f)	ไข้	khâi
malária (f)	ไข้มาลาเรีย	kâi maa-laa-ria
gangrena (f)	เนื้อตายเน่า	néua dtaai nâo
enjoo (m)	ภาวะเมาคลื่น	phaa-wá mao khlêun
epilepsia (f)	โรคลมบ้าหมู	rôhk lom bâa-mǒo
epidemia (f)	โรคระบาด	rôhk rá-bàat
tifo (m)	โรครากสาดใหญ่	rôhk râak-sàat yài
tuberculose (f)	วัณโรค	wan-ná-rôhk
cólera (f)	อหิวาตกโรค	a-hì-wâat-gà-rôhk
peste (f)	กาฬโรค	gaan-lá-rôhk

48. Simtomas. Tratamentos. Parte 1

sintoma (m)	อาการ	aa-gaan
temperatura (f)	อุณหภูมิ	un-hà-phoom
febre (f)	อุณหภูมิสูง	un-hà-phoom sǒong
pulso (m)	ชีพจร	chêep-phá-jon
vertigem (f)	อาการเวียนหัว	aa-gaan wian hǔa
quente (testa, etc.)	ร้อน	rórn
calafrio (m)	หนาวสั่น	nǎao sàn
pálido	หน้าเซียว	nâa sieow
tosse (f)	การไอ	gaan ai
tossir (vi)	ไอ	ai

espirrar (vi)	จาม	jaam
desmaio (m)	การเป็นลม	gaan bpen lom
desmaiar (vi)	เป็นลม	bpen lom
nódoa (f) negra	ฟกช้ำ	fók chám
galo (m)	บวม	buam
magoar-se (vr)	ชน	chon
pisadura (f)	รอยฟกช้ำ	roi fók chám
aleijar-se (vr)	ได้รอยช้ำ	dâai roi chám
coxear (vi)	กะโผลกกะเผลก	gà-phlòhk-gà-phlàyk
deslocação (f)	ขอหลุด	khôr lùt
deslocar (vt)	ทำขอหลุด	tham khôr lùt
fratura (f)	กระดูกหัก	grà-dòok hàk
fraturar (vt)	หักกระดูก	hàk grà-dòok
corte (m)	รอยบาด	roi bàat
cortar-se (vr)	ทำบาด	tham bàat
hemorragia (f)	การเลือดไหล	gaan lêuat lăi
queimadura (f)	แผลไฟไหม้	phlăe fai mâi
queimar-se (vr)	ได้รับแผลไฟไหม้	dâai ráp phlăe fai mâi
picar (vt)	ตำ	dtam
picar-se (vr)	ตำตัวเอง	dtam dtua ayng
lesionar (vt)	ทำให้บาดเจ็บ	tham hâi bàat jèp
lesão (m)	การบาดเจ็บ	gaan bàat jèp
ferida (f), ferimento (m)	แผล	phlăe
trauma (m)	แผลบาดเจ็บ	phlăe bàat jèp
delirar (vi)	คลุ้มคลั่ง	khlúm khlâng
gaguejar (vi)	พูดตะกุกตะกัก	phôot dtà-gùk-dtà-gàk
insolação (f)	โรคลมแดด	rôhk lom dàet

49. Simtomas. Tratamentos. Parte 2

dor (f)	ความเจ็บปวด	khwaam jèp bpùat
farpa (no dedo)	เสี้ยน	sîan
suor (m)	เหงื่อ	ngèua
suar (vi)	เหงื่อออก	ngèua òrk
vómito (m)	การอาเจียน	gaan aa-jian
convulsões (f pl)	การชัก	gaan chák
grávida	ตั้งครรภ์	dtâng khan
nascer (vi)	เกิด	gèrt
parto (m)	การคลอด	gaan khlôrt
dar à luz	คลอดบุตร	khlôrt bùt
aborto (m)	การแทงบุตร	gaan tháeng bùt
respiração (f)	การหายใจ	gaan hăai-jai
inspiração (f)	การหายใจเข้า	gaan hăai-jai khâo
expiração (f)	การหายใจออก	gaan hăai-jai òrk
expirar (vi)	หายใจออก	hăai-jai òrk

inspirar (vi)	หายใจเข้า	hǎai-jai khâo
inválido (m)	คนพิการ	khon phí-gaan
aleijado (m)	พิการ	phí-gaan
toxicodependente (m)	ผู้ติดยาเสพติด	phôo dtìt yaa-sàyp-dtìt
surdo	หูหนวก	hǒo nùak
mudo	เป็นใบ้	bpen bâi
surdo-mudo	หูหนวกเป็นใบ้	hǒo nùak bpen bâi
louco (adj.)	บ้า	bâa
louco (m)	คนบ้า	khon bâa
louca (f)	คนบ้า	khon bâa
ficar louco	เสียสติ	sǐa sà-dtì
gene (m)	ยีน	yeun
imunidade (f)	ภูมิคุ้มกัน	phoom khúm gan
hereditário	เป็นกรรมพันธุ์	bpen gam-má-phan
congénito	แต่กำเนิด	dtàe gam-nèrt
vírus (m)	เชื้อไวรัส	chéua wai-rát
micróbio (m)	จุลินทรีย์	jù-lin-see
bactéria (f)	แบคทีเรีย	bàek-tee-ria
infeção (f)	การติดเชื้อ	gaan dtìt chéua

50. Simtomas. Tratamentos. Parte 3

hospital (m)	โรงพยาบาล	rohng phá-yaa-baan
paciente (m)	ผู้ป่วย	phôo bpùay
diagnóstico (m)	การวินิจฉัยโรค	gaan wí-nít-chǎi rôhk
cura (f)	การรักษา	gaan rák-sǎa
tratamento (m) médico	การรักษาทางการแพทย์	gaan rák-sǎa thaang gaan phâet
curar-se (vr)	รับการรักษา	ráp gaan rák-sǎa
tratar (vt)	รักษา	rák-sǎa
cuidar (pessoa)	รักษา	rák-sǎa
cuidados (m pl)	การดูแลรักษา	gaan doo lae rák-sǎa
operação (f)	การผ่าตัด	gaan phàa dtàt
enfaixar (vt)	พันแผล	phan phlǎe
ligadura (f)	การพันแผล	gaan phan phlǎe
vacinação (f)	การฉีดวัคซีน	gaan chèet wák-seen
vacinar (vt)	ฉีดวัคซีน	chèet wák-seen
injeção (f)	การฉีดยา	gaan chèet yaa
dar uma injeção	ฉีดยา	chèet yaa
ataque (~ de asma, etc.)	มีอาการเฉียบพลัน	mee aa-gaan chìap phlan
amputação (f)	การตัดอวัยวะออก	gaan dtàt a-wai-wá òrk
amputar (vt)	ตัด	dtàt
coma (f)	อาการโคม่า	aa-gaan khoh-mâa
estar em coma	อยู่ในอาการโคม่า	yòo nai aa-gaan khoh-mâa
reanimação (f)	หน่วยอภิบาล	nùay à-phí-baan
recuperar-se (vr)	ฟื้นตัว	féun dtua

estado (~ de saúde)	อาการ	aa-gaan
consciência (f)	สติสัมปชัญญะ	sà-dtì sǎm-bpà-chan-yá
memória (f)	ความทรงจำ	khwaam song jam

tirar (vt)	ถอน	thǒrn
chumbo (m), obturação (f)	การอุด	gaan ùt
chumbar, obturar (vt)	อุด	ùt

hipnose (f)	การสะกดจิต	gaan sà-gòt jìt
hipnotizar (vt)	สะกดจิต	sà-gòt jìt

51. Médicos

médico (m)	แพทย์	phâet
enfermeira (f)	พยาบาล	phá-yaa-baan
médico (m) pessoal	แพทย์ส่วนตัว	phâet sùan dtua

dentista (m)	ทันตแพทย์	than-dtà phâet
oculista (m)	จักษุแพทย์	jàk-sù phâet
terapeuta (m)	อายุรแพทย์	aa-yú-rá-phâet
cirurgião (m)	ศัลยแพทย์	sǎn-yá-phâet

psiquiatra (m)	จิตแพทย์	jìt-dtà-phâet
pediatra (m)	กุมารแพทย์	gù-maan phâet
psicólogo (m)	นักจิตวิทยา	nák jìt wít-thá-yaa
ginecologista (m)	นรีแพทย์	ná-ree phâet
cardiologista (m)	หทัยแพทย์	hà-thai phâet

52. Medicina. Drogas. Acessórios

medicamento (m)	ยา	yaa
remédio (m)	ยา	yaa
receitar (vt)	จ่ายยา	jàai yaa
receita (f)	ใบสั่งยา	bai sàng yaa

comprimido (m)	ยาเม็ด	yaa mét
pomada (f)	ยาทา	yaa thaa
ampola (f)	หลอดยา	lòrt yaa
preparado (m)	ยาส่วนผสม	yaa sùan phà-sǒm
xarope (m)	น้ำเชื่อม	nám chêuam
cápsula (f)	ยาเม็ด	yaa mét
remédio (m) em pó	ยาผง	yaa phǒng

ligadura (f)	ผ้าพันแผล	phâa phan phlǎe
algodão (m)	สำลี	sǎm-lee
iodo (m)	ไอโอดีน	ai oh-deen

penso (m) rápido	พลาสเตอร์	phláat-dtêr
conta-gotas (m)	ที่หยอดตา	thêe yòrt dtaa
termómetro (m)	ปรอท	bpa -ròrt
seringa (f)	เข็มฉีดยา	khěm chèet-yaa
cadeira (f) de rodas	รถเข็นคนพิการ	rót khěn khon phí-gaan

muletas (f pl)	ไม้ค้ำยัน	máai khám yan
analgésico (m)	ยาแก้ปวด	yaa gâe bpùat
laxante (m)	ยาระบาย	yaa rá-baai
álcool (m) etílico	เอธานอล	ay-thaa-norn
ervas (f pl) medicinais	สมุนไพรทางการแพทย์	sà-mŭn phrai thaang gaan phâet
de ervas (chá ~)	สมุนไพร	sà-mŭn phrai

HABITAT HUMANO

Cidade

53. Cidade. Vida na cidade

cidade (f)	เมือง	meuang
capital (f)	เมืองหลวง	meuang lŭang
aldeia (f)	หมู่บ้าน	mòo bâan
mapa (m) da cidade	แผนที่เมือง	phăen thêe meuang
centro (m) da cidade	ใจกลางเมือง	jai glaang-meuang
subúrbio (m)	ชานเมือง	chaan meuang
suburbano	ชานเมือง	chaan meuang
periferia (f)	รอบนอกเมือง	rôrp nôrk meuang
arredores (m pl)	เขตรอบเมือง	khàyt rôrp-meuang
quarteirão (m)	บล็อกผังเมือง	blòrk phăng meuang
quarteirão (m) residencial	บล็อกที่อยู่อาศัย	blòrk thêe yòo aa-săi
tráfego (m)	การจราจร	gaan jà-raa-jon
semáforo (m)	ไฟจราจร	fai jà-raa-jon
transporte (m) público	ขนส่งมวลชน	khŏn sòng muan chon
cruzamento (m)	สี่แยก	sèe yâek
passadeira (f)	ทางม้าลาย	thaang máa laai
passagem (f) subterrânea	อุโมงค์คนเดิน	u-mohng kon dern
cruzar, atravessar (vt)	ข้าม	khâam
peão (m)	คนเดินเท้า	khon dern tháo
passeio (m)	ทางเท้า	thaang tháo
ponte (f)	สะพาน	sà-phaan
margem (f) do rio	ทางเลียบแม่น้ำ	thaang lîap mâe náam
fonte (f)	น้ำพุ	nám phú
alameda (f)	ทางเลียบสวน	thaang lîap sŭan
parque (m)	สวน	sŭan
bulevar (m)	ถนนกว้าง	thà-nŏn gwâang
praça (f)	จัตุรัส	jàt-dtù-ràt
avenida (f)	ถนนใหญ่	thà-nŏn yài
rua (f)	ถนน	thà-nŏn
travessa (f)	ซอย	soi
beco (m) sem saída	ทางตัน	thaang dtan
casa (f)	บ้าน	bâan
edifício, prédio (m)	อาคาร	aa-khaan
arranha-céus (m)	ตึกระฟ้า	dtèuk rá-fáa
fachada (f)	ด้านหน้าอาคาร	dâan-nâa aa-khaan
telhado (m)	หลังคา	lăng khaa

janela (f)	หน้าต่าง	nâa dtàang
arco (m)	ซุ้มประตู	súm bprà-dtoo
coluna (f)	เสา	săo
esquina (f)	มุม	mum

montra (f)	หน้าต่างร้านค้า	nâa dtàang ráan kháa
letreiro (m)	ป้ายราน	bpâai ráan
cartaz (m)	โปสเตอร์	bpòht-dtêr
cartaz (m) publicitário	ป้ายโฆษณา	bpâai khôht-sà-naa
painel (m) publicitário	กระดานปิดประกาศโฆษณา	grà-daan bpìt bprà-gàat khôht-sà-naa

lixo (m)	ขยะ	khà-yà
cesta (f) do lixo	ถุงขยะ	thăng khà-yà
jogar lixo na rua	ทิ้งขยะ	thíng khà-yà
aterro (m) sanitário	ที่ทิ้งขยะ	thêe thíng khà-yà

cabine (f) telefónica	ตู้โทรศัพท์	dtôo thoh-rá-sàp
candeeiro (m) de rua	เสาโคม	săo khohm
banco (m)	ม้านั่ง	máa nâng

polícia (m)	เจ้าหน้าที่ตำรวจ	jâo nâa-thêe dtam-rùat
polícia (instituição)	ตำรวจ	dtam-rùat
mendigo (m)	ขอทาน	khŏr thaan
sem-abrigo (m)	คนไร้บ้าน	khon rái bâan

54. Instituições urbanas

loja (f)	ร้านค้า	ráan kháa
farmácia (f)	ร้านขายยา	ráan khăai yaa
ótica (f)	ร้านตัดแว่น	ráan dtàt wâen
centro (m) comercial	ศูนย์การค้า	sŏon gaan kháa
supermercado (m)	ซูเปอร์มาร์เก็ต	soo-bper-maa-gèt

padaria (f)	ร้านขนมปัง	ráan khà-nŏm bpang
padeiro (m)	คนอบขนมปัง	khon òp khà-nŏm bpang
pastelaria (f)	ร้านขนม	ráan khà-nŏm
mercearia (f)	ร้านขายของชำ	ráan khăai khŏrng cham
talho (m)	ร้านขายเนื้อ	ráan khăai néua

loja (f) de legumes	ร้านขายผัก	ráan khăai phàk
mercado (m)	ตลาด	dtà-làat

café (m)	ร้านกาแฟ	ráan gaa-fae
restaurante (m)	ร้านอาหาร	ráan aa-hăan
bar (m), cervejaria (f)	บาร์	baa
pizzaria (f)	ร้านพิซซ่า	ráan phís-sâa

salão (m) de cabeleireiro	ร้านทำผม	ráan tham phŏm
correios (m pl)	โรงไปรษณีย์	rohng bprai-sà-nee
lavandaria (f)	ร้านซักแห้ง	ráan sák hâeng
estúdio (m) fotográfico	ห้องถ่ายภาพ	hôrng thàai phâap
sapataria (f)	ร้านขายรองเท้า	ráan khăai rorng táo
livraria (f)	ร้านขายหนังสือ	ráan khăai năng-sĕu

loja (f) de artigos de desporto	ร้านขายอุปกรณ์กีฬา	ráan khăai u-bpà-gon gee-laa
reparação (f) de roupa	ร้านซ่อมเสื้อผ้า	ráan sôrm sêua phâa
aluguer (m) de roupa	ร้านเช่าเสื้อออกงาน	ráan châo sêua òrk ngaan
aluguer (m) de filmes	ร้านเช่าวิดีโอ	ráan châo wí-dee-oh
circo (m)	โรงละครสัตว์	rohng lá-khon sàt
jardim (m) zoológico	สวนสัตว์	sŭan sàt
cinema (m)	โรงภาพยนตร์	rohng phâap-phá-yon
museu (m)	พิพิธภัณฑ์	phí-phítha phan
biblioteca (f)	ห้องสมุด	hôrng sà-mùt
teatro (m)	โรงละคร	rohng lá-khon
ópera (f)	โรงอุปรากร	rohng ù-bpà-raa-gon
clube (m) noturno	ไนท์คลับ	nai-khláp
casino (m)	คาสิโน	khaa-sì-noh
mesquita (f)	สุเหร่า	sù-rào
sinagoga (f)	โบสถ์ยิว	bòht yiw
catedral (f)	อาสนวิหาร	aa sŏn wí-hăan
templo (m)	วิหาร	wí-hăan
igreja (f)	โบสถ์	bòht
instituto (m)	วิทยาลัย	wít-thá-yaa-lai
universidade (f)	มหาวิทยาลัย	má-hăa wít-thá-yaa-lai
escola (f)	โรงเรียน	rohng rian
prefeitura (f)	ศาลากลางจังหวัด	săa-laa glaang jang-wàt
câmara (f) municipal	ศาลาเทศบาล	săa-laa thâyt-sà-baan
hotel (m)	โรงแรม	rohng raem
banco (m)	ธนาคาร	thá-naa-khaan
embaixada (f)	สถานทูต	sà-thăan thôot
agência (f) de viagens	บริษัททัวร์	bor-rí-sàt thua
agência (f) de informações	สำนักงานศูนย์ข้อมูล	săm-nák ngaan sŏon khôr moon
casa (f) de câmbio	ร้านแลกเงิน	ráan lâek ngern
metro (m)	รถไฟใต้ดิน	rót fai dtâi din
hospital (m)	โรงพยาบาล	rohng phá-yaa-baan
posto (m) de gasolina	ปั๊มน้ำมัน	bpám náam man
parque (m) de estacionamento	ลานจอดรถ	laan jòrt rót

55. Sinais

letreiro (m)	ป้ายร้าน	bpâai ráan
inscrição (f)	ป้ายเตือน	bpâai dteuan
cartaz, póster (m)	โปสเตอร์	bpòht-dtêr
sinal (m) informativo	ป้ายบอกทาง	bpâai bòrk thaang
seta (f)	ลูกศร	lôok sŏn
aviso (advertência)	คำเตือน	kham dteuan
sinal (m) de aviso	ป้ายเตือน	bpâai dteuan
avisar, advertir (vt)	เตือน	dteuan

dia (m) de folga	วันหยุด	wan yùt
horário (m)	ตารางเวลา	dtaa-raang way-laa
horário (m) de funcionamento	เวลาทำการ	way-laa tham gaan
BEM-VINDOS!	ยินดีต้อนรับ!	yin dee dtôrn ráp
ENTRADA	ทางเข้า	thaang khâo
SAÍDA	ทางออก	thaang òrk
EMPURRE	ผลัก	phlàk
PUXE	ดึง	deung
ABERTO	เปิด	bpèrt
FECHADO	ปิด	bpìt
MULHER	หญิง	yĭng
HOMEM	ชาย	chaai
DESCONTOS	ลดราคา	lót raa-khaa
SALDOS	ขายของลดราคา	khăai khŏrng lót raa-khaa
NOVIDADE!	ใหม่!	mài
GRÁTIS	ฟรี	free
ATENÇÃO!	โปรดทราบ!	bpròht sâap
NÃO HÁ VAGAS	ไม่มีห้องว่าง	mâi mee hôrng wâang
RESERVADO	จองแล้ว	jorng láew
ADMINISTRAÇÃO	สำนักงาน	săm-nák ngaan
SOMENTE PESSOAL AUTORIZADO	เฉพาะพนักงาน	chà-phór phá-nák ngaan
CUIDADO CÃO FEROZ	ระวังสุนัข!	rá-wang sù-nák
PROIBIDO FUMAR!	ห้ามสูบบุหรี่	hâam sòop bù rèe
NÃO TOCAR	ห้ามแตะ!	hâam dtàe
PERIGOSO	อันตราย	an-dtà-raai
PERIGO	อันตราย	an-dtà-raai
ALTA TENSÃO	ไฟฟ้าแรงสูง	fai fáa raeng sŏong
PROIBIDO NADAR	ห้ามว่ายน้ำ!	hâam wâai náam
AVARIADO	เสีย	sĭa
INFLAMÁVEL	อันตรายติดไฟ	an-dtà-raai dtìt fai
PROIBIDO	ห้าม	hâam
ENTRADA PROIBIDA	ห้ามผ่าน!	hâam phàan
CUIDADO TINTA FRESCA	สีพื้นเปียก	sĕe phéun bpìak

56. Transportes urbanos

autocarro (m)	รถเมล์	rót may
elétrico (m)	รถราง	rót raang
troleicarro (m)	รถโดยสารประจำทางไฟฟ้า	rót doi săan bprà-jam thaang fai fáa
itinerário (m)	เส้นทาง	sên thaang
número (m)	หมายเลข	măai lâyk
ir de ... (carro, etc.)	ไปด้วย	bpai dûay
entrar (~ no autocarro)	ขึ้น	khêun

descer de …	ลง	long
paragem (f)	ป้าย	bpâai
próxima paragem (f)	ป้ายถัดไป	bpâai thàt bpai
ponto (m) final	ป้ายสุดท้าย	bpâai sùt tháai
horário (m)	ตารางเวลา	dtaa-raang way-laa
esperar (vt)	รอ	ror
bilhete (m)	ตั๋ว	dtŭa
custo (m) do bilhete	ค่าตั๋ว	khâa dtŭa
bilheteiro (m)	คนขายตั๋ว	khon khăai dtŭa
controlo (m) dos bilhetes	การตรวจตั๋ว	gaan dtrùat dtŭa
revisor (m)	พนักงานตรวจตั๋ว	phá-nák ngaan dtrùat dtŭa
atrasar-se (vr)	ไปสาย	bpai săai
perder (o autocarro, etc.)	พลาด	phlâat
estar com pressa	รีบเร่ง	rêep râyng
táxi (m)	แท็กซี่	tháek-sêe
taxista (m)	คนขับแท็กซี่	khon khàp tháek-sêe
de táxi (ir ~)	โดยแท็กซี่	doi tháek-sêe
praça (f) de táxis	ป้ายจอดแท็กซี่	bpâai jòrt tháek sêe
chamar um táxi	เรียกแท็กซี่	rîak tháek sêe
apanhar um táxi	ขึ้นรถแท็กซี่	khêun rót tháek-sêe
tráfego (m)	การจราจร	gaan jà-raa-jon
engarrafamento (m)	การจราจรติดขัด	gaan jà-raa-jon dtìt khàt
horas (f pl) de ponta	ชั่วโมงเร่งด่วน	chûa mohng râyng dùan
estacionar (vi)	จอด	jòrt
estacionar (vt)	จอด	jòrt
parque (m) de estacionamento	ลานจอดรถ	laan jòrt rót
metro (m)	รถไฟใต้ดิน	rót fai dtâi din
estação (f)	สถานี	sà-thăa-nee
ir de metro	ขึ้นรถไฟใต้ดิน	khêun rót fai dtâi din
comboio (m)	รถไฟ	rót fai
estação (f)	สถานีรถไฟ	sà-thăa-nee rót fai

57. Turismo

monumento (m)	อนุสาวรีย์	a-nú-săa-wá-ree
fortaleza (f)	ป้อม	bpôrm
palácio (m)	วัง	wang
castelo (m)	ปราสาท	bpraa-sàat
torre (f)	หอ	hŏr
mausoléu (m)	สุสาน	sù-săan
arquitetura (f)	สถาปัตยกรรม	sà-thăa-bpàt-dtà-yá-gam
medieval	ยุคกลาง	yúk glaang
antigo	โบราณ	boh-raan
nacional	แห่งชาติ	hàeng châat
conhecido	ที่มีชื่อเสียง	thêe mee chêu-sĭang
turista (m)	นักท่องเที่ยว	nák thôrng thîeow
guia (pessoa)	มัคคุเทศก์	mák-khú-thâyt

excursão (f)	ทัศนศึกษา	thát-sà-ná-sèuk-sǎa
mostrar (vt)	แสดง	sà-daeng
contar (vt)	เล่า	lâo
encontrar (vt)	หาพบ	hǎa phóp
perder-se (vr)	หลงทาง	lǒng thaang
mapa (~ do metrô)	แผนที่	phǎen thêe
mapa (~ da cidade)	แผนที่	phǎen thêe
lembrança (f), presente (m)	ของที่ระลึก	khǒrng thêe rá-léuk
loja (f) de presentes	ร้านขาย ของที่ระลึก	ráan khǎai khǒrng thêe rá-léuk
fotografar (vt)	ถ่ายภาพ	thàai phâap
fotografar-se	ได้รับการ ถ่ายภาพให้	dâai ráp gaan thàai phâap hâi

58. Compras

comprar (vt)	ซื้อ	séu
compra (f)	ของซื้อ	khǒrng séu
fazer compras	ไปซื้อของ	bpai séu khǒrng
compras (f pl)	การชอปปิง	gaan chôp bping
estar aberta (loja, etc.)	เปิด	bpèrt
estar fechada	ปิด	bpìt
calçado (m)	รองเท้า	rorng tháo
roupa (f)	เสื้อผ้า	sêua phâa
cosméticos (m pl)	เครื่องสำอาง	khrêuang sǎm-aang
alimentos (m pl)	อาหาร	aa-hǎan
presente (m)	ของขวัญ	khǒrng khwǎn
vendedor (m)	พนักงานขาย	phá-nák ngaan khǎai
vendedora (f)	พนักงานขาย	phá-nák ngaan khǎai
caixa (f)	ที่จ่ายเงิน	thêe jàai ngern
espelho (m)	กระจก	grà-jòk
balcão (m)	เคาน์เตอร์	khao-dtêr
cabine (f) de provas	ห้องลองเสื้อผ้า	hôrng lorng sêua phâa
provar (vt)	ลอง	lorng
servir (vi)	เหมาะ	mò
gostar (apreciar)	ชอบ	chôrp
preço (m)	ราคา	raa-khaa
etiqueta (f) de preço	ป้ายราคา	bpâai raa-khaa
custar (vt)	ราคา	raa-khaa
Quanto?	ราคาเท่าไหร่?	raa-khaa thâo rài
desconto (m)	ลดราคา	lót raa-khaa
não caro	ไม่แพง	mâi phaeng
barato	ถูก	thòok
caro	แพง	phaeng
É caro	มันราคาแพง	man raa-khaa phaeng

aluguer (m)	การเช่า	gaan châo
alugar (vestidos, etc.)	เช่า	châo
crédito (m)	สินเชื่อ	sǐn chêua
a crédito	ซื้อเงินเชื่อ	séu ngern chêua

59. Dinheiro

dinheiro (m)	เงิน	ngern
câmbio (m)	การแลกเปลี่ยนสกุลเงิน	gaan lâek bplìan sà-gun ngern
taxa (f) de câmbio	อัตราแลกเปลี่ยนสกุลเงิน	àt-dtraa lâek bplìan sà-gun ngern
Caixa Multibanco (m)	เอทีเอ็ม	ay-thee-em
moeda (f)	เหรียญ	rǐan

dólar (m)	ดอลลาร์	dorn-lâa
euro (m)	ยูโร	yoo-roh

lira (f)	ลีราอิตาลี	lee-raa ì-dtaa-lee
marco (m)	มาร์ค	mâak
franco (m)	ฟรังค์	frang
libra (f) esterlina	ปอนด์สเตอร์ลิง	bporn sà-dtêr-ling
iene (m)	เยน	yayn

dívida (f)	หนี้	nêe
devedor (m)	ลูกหนี้	lôok nêe
emprestar (vt)	ให้ยืม	hâi yeum
pedir emprestado	ขอยืม	khǒr yeum

banco (m)	ธนาคาร	thá-naa-khaan
conta (f)	บัญชี	ban-chee
depositar (vt)	ฝาก	fàak
depositar na conta	ฝากเงินเข้าบัญชี	fàak ngern khâo ban-chee
levantar (vt)	ถอน	thǒrn

cartão (m) de crédito	บัตรเครดิต	bàt khray-dìt
dinheiro (m) vivo	เงินสด	ngern sòt
cheque (m)	เช็ค	chék
passar um cheque	เขียนเช็ค	khǐan chék
livro (m) de cheques	สมุดเช็ค	sà-mùt chék

carteira (f)	กระเป๋าเงิน	grà-bpǎo ngern
porta-moedas (m)	กระเป๋าสตางค์	grà-bpǎo sà-taang
cofre (m)	ตู้เซฟ	dtôo sâyf

herdeiro (m)	ทายาท	thaa-yâat
herança (f)	มรดก	mor-rá-dòrk
fortuna (riqueza)	เงินจำนวนมาก	ngern jam-nuan mâak

arrendamento (m)	สัญญาเช่า	sǎn-yaa châo
renda (f) de casa	ค่าเช่า	kâa châo
alugar (vt)	เช่า	châo
preço (m)	ราคา	raa-khaa
custo (m)	ราคา	raa-khaa

soma (f)	จำนวนเงินรวม	jam-nuan ngern ruam
gastar (vt)	จ่าย	jàai
gastos (m pl)	ค่าจ่าย	khâa jàai
economizar (vi)	ประหยัด	bprà-yàt
económico	ประหยัด	bprà-yàt
pagar (vt)	จ่าย	jàai
pagamento (m)	การจ่ายเงิน	gaan jàai ngern
troco (m)	เงินทอน	ngern thorn
imposto (m)	ภาษี	phaa-sěe
multa (f)	ค่าปรับ	khâa bpràp
multar (vt)	ปรับ	bpràp

60. Correios. Serviço postal

correios (m pl)	โรงไปรษณีย์	rohng bprai-sà-nee
correio (m)	จดหมาย	jòt mǎai
carteiro (m)	บุรุษไปรษณีย์	bù-rùt bprai-sà-nee
horário (m)	เวลาทำการ	way-laa tham gaan
carta (f)	จดหมาย	jòt mǎai
carta (f) registada	จดหมายลงทะเบียน	jòt mǎai long thá-bian
postal (m)	ไปรษณียบัตร	bprai-sà-nee-yá-bàt
telegrama (m)	โทรเลข	thoh-rá-lâyk
encomenda (f) postal	พัสดุ	phát-sà-dù
remessa (f) de dinheiro	การโอนเงิน	gaan ohn ngern
receber (vt)	รับ	ráp
enviar (vt)	ฝาก	fàak
envio (m)	การฝาก	gaan fàak
endereço (m)	ที่อยู่	thêe yòo
código (m) postal	รหัสไปรษณีย์	rá-hàt bprai-sà-nee
remetente (m)	ผู้ฝาก	phôo fàak
destinatário (m)	ผู้รับ	phôo ráp
nome (m)	ชื่อ	chêu
apelido (m)	นามสกุล	naam sà-gun
tarifa (f)	อัตราค่าส่งไปรษณีย์	àt-dtraa khâa sòng bprai-sà-nee
normal	มาตรฐาน	mâat-dtrà-thǎan
económico	ประหยัด	bprà-yàt
peso (m)	น้ำหนัก	nám nàk
pesar (estabelecer o peso)	มีน้ำหนัก	mee nám nàk
envelope (m)	ซอง	sorng
selo (m)	แสตมป์ไปรษณีย์	sà-dtaem bprai-sà-nee
colar o selo	แสตมป์ตราประทับบนซอง	sà-dtaem dtraa bprà-tháp bon song

Moradia. Casa. Lar

61. Casa. Eletricidade

eletricidade (f)	ไฟฟ้า	fai fáa
lâmpada (f)	หลอดไฟฟ้า	lòrt fai fáa
interruptor (m)	ปุ่มปิดเปิดไฟ	bpùm bpìt bpèrt fai
fusível (m)	ฟิวส์	fiw
fio, cabo (m)	สายไฟฟ้า	săai fai fáa
instalação (f) elétrica	การเดินสายไฟ	gaan dern săai fai
contador (m) de eletricidade	มิเตอร์วัดไฟฟ้า	mí-dtêr wát fai fáa
leitura (f)	ค่ามิเตอร์	khâa mí-dtêr

62. Moradia. Mansão

casa (f) de campo	บ้านสไตล์คันทรี่	bâan sà-dtai khan trêe
vila (f)	คฤหาสน์	khá-réu-hàat
ala (~ do edifício)	สวน	sùan
jardim (m)	สวน	sŭan
parque (m)	สวน	sŭan
estufa (f)	เรือนกระจกเขตร้อน	reuan grà-jòk khàyt rórn
cuidar de ...	ดูแล	doo lae
piscina (f)	สระว่ายน้ำ	sà wâai náam
ginásio (m)	โรงยิม	rohng-yim
campo (m) de ténis	สนามเทนนิส	sà-năam then-nít
cinema (m)	ห้องฉายหนัง	hôrng chăai năng
garagem (f)	โรงรถ	rohng rót
propriedade (f) privada	ทรัพย์สินส่วนบุคคล	sáp sĭn sùan bùk-khon
terreno (m) privado	ที่ดินส่วนบุคคล	thêe din sùan bùk-khon
advertência (f)	คำเตือน	kham dteuan
sinal (m) de aviso	ป้ายเตือน	bpâai dteuan
guarda (f)	ผู้รักษาความปลอดภัย	phôo rák-săa khwaam bplòrt phai
guarda (m)	ยาม	yaam
alarme (m)	สัญญาณกันขโมย	săn-yaan gan khà-moi

63. Apartamento

apartamento (m)	อพาร์ตเมนต์	a-phâat-mayn
quarto (m)	ห้อง	hôrng

quarto (m) de dormir	ห้องนอน	hôrng norn
sala (f) de jantar	ห้องรับประทานอาหาร	hôrng ráp bprà-thaan aa-hăan
sala (f) de estar	ห้องนั่งเล่น	hôrng nâng lên
escritório (m)	ห้องทำงาน	hôrng tham ngaan
antessala (f)	ห้องเข้า	hôrng khâo
quarto (m) de banho	ห้องน้ำ	hôrng náam
toilette (lavabo)	ห้องสวม	hôrng sûam
teto (m)	เพดาน	phay-daan
chão, soalho (m)	พื้น	phéun
canto (m)	มุม	mum

64. Mobiliário. Interior

mobiliário (m)	เครื่องเรือน	khrêuang reuan
mesa (f)	โต๊ะ	dtó
cadeira (f)	เก้าอี้	gâo-êe
cama (f)	เตียง	dtiang
divã (m)	โซฟา	soh-faa
cadeirão (m)	เก้าอี้เท้าแขน	gâo-êe tháo khăen
estante (f)	ตู้หนังสือ	dtôo năng-sĕu
prateleira (f)	ชั้นวาง	chán waang
guarda-vestidos (m)	ตู้เสื้อผ้า	dtôo sêua phâa
cabide (m) de parede	ที่แขวนเสื้อ	thêe khwăen sêua
cabide (m) de pé	ไม้แขวนเสื้อ	mái khwăen sêua
cómoda (f)	ตู้ลิ้นชัก	dtôo lín chák
mesinha (f) de centro	โต๊ะกาแฟ	dtó gaa-fae
espelho (m)	กระจก	grà-jòk
tapete (m)	พรม	phrom
tapete (m) pequeno	พรมเช็ดเท้า	phrom chét tháo
lareira (f)	เตาผิง	dtao phĭng
vela (f)	เทียน	thian
castiçal (m)	เชิงเทียน	cherng thian
cortinas (f pl)	ผ้าแขวน	phâa khwăen
papel (m) de parede	วอลเปเปอร์	worn-bpay-bper
estores (f pl)	บานเกล็ดหน้าต่าง	baan glèt nâa dtàang
candeeiro (m) de mesa	โคมไฟตั้งโต๊ะ	khohm fai dtâng dtó
candeeiro (m) de parede	ไฟติดผนัง	fai dtìt phà-năng
candeeiro (m) de pé	โคมไฟตั้งพื้น	khohm fai dtâng phéun
lustre (m)	โคมระย้า	khohm rá-yáa
perna (da cadeira, etc.)	ขา	khăa
braço (m)	ที่พักแขน	thêe phák khăen
costas (f pl)	พนักพิง	phá-nák phing
gaveta (f)	ลิ้นชัก	lín chák

65. Quarto de dormir

roupa (f) de cama	ชุดผ้าปูที่นอน	chút phâa bpoo thêe norn
almofada (f)	หมอน	mŏrn
fronha (f)	ปลอกหมอน	bplòk mŏrn
cobertor (m)	ผ้าห่ม	phâa phǔay
lençol (m)	ผ้าปู	phâa bpoo
colcha (f)	ผ้าคลุมเตียง	phâa khlum dtiang

66. Cozinha

cozinha (f)	ห้องครัว	hôrng khrua
gás (m)	แก๊ส	gáet
fogão (m) a gás	เตาแก๊ส	dtao gàet
fogão (m) elétrico	เตาไฟฟ้า	dtao fai-fáa
forno (m)	เตาอบ	dtao òp
forno (m) de micro-ondas	เตาอบไมโครเวฟ	dtao òp mai-khroh-we p
frigorífico (m)	ตู้เย็น	dtôo yen
congelador (m)	ตู้แช่แข็ง	dtôo châe khǎeng
máquina (f) de lavar louça	เครื่องล้างจาน	khrêuang láang jaan
moedor (m) de carne	เครื่องบดเนื้อ	khrêuang bòt néua
espremedor (m)	เครื่องคั้นน้ำผลไม้	khrêuang khán náam phǒn-lá-mái
torradeira (f)	เครื่องปิ้งขนมปัง	khrêuang bpîng khà-nŏm bpang
batedeira (f)	เครื่องปั่น	khrêuang bpàn
máquina (f) de café	เครื่องชงกาแฟ	khrêuang chong gaa-fae
cafeteira (f)	หม้อกาแฟ	môr gaa-fae
moinho (m) de café	เครื่องบดกาแฟ	khrêuang bòt gaa-fae
chaleira (f)	กาน้ำ	gaa náam
bule (m)	กาน้ำชา	gaa náam chaa
tampa (f)	ฝา	fǎa
coador (f) de chá	ที่กรองชา	thêe grorng chaa
colher (f)	ช้อน	chórn
colher (f) de chá	ช้อนชา	chórn chaa
colher (f) de sopa	ช้อนซุป	chórn súp
garfo (m)	ส้อม	sôrm
faca (f)	มีด	mêet
louça (f)	ถ้วยชาม	thûay chaam
prato (m)	จาน	jaan
pires (m)	จานรอง	jaan rorng
cálice (m)	แก้วช็อต	gâew chórt
copo (m)	แก้ว	gâew
chávena (f)	ถ้วย	thûay
açucareiro (m)	โถน้ำตาล	thŏh náam dtaan
saleiro (m)	กระปุกเกลือ	grà-bpùk gleua

63

pimenteiro (m)	กระปุกพริกไทย	grà-bpùk phrík thai
manteigueira (f)	ที่ใส่เนย	thêe sài noie
panela, caçarola (f)	หม้อต้ม	môr dtôm
frigideira (f)	กระทะ	grà-thá
concha (f)	กระบวย	grà-buay
passador (m)	กระชอน	grà chorn
bandeja (f)	ถาด	thàat
garrafa (f)	ขวด	khùat
boião (m) de vidro	ขวดโหล	khùat lŏh
lata (f)	กระป๋อง	grà-bpŏrng
abre-garrafas (m)	ที่เปิดขวด	thêe bpèrt khùat
abre-latas (m)	ที่เปิดกระป๋อง	thêe bpèrt grà-bpŏrng
saca-rolhas (m)	ที่เปิดจุก	thêe bpèrt jùk
filtro (m)	ที่กรอง	thêe grorng
filtrar (vt)	กรอง	grorng
lixo (m)	ขยะ	khà-yà
balde (m) do lixo	ถังขยะ	thăng khà-yà

67. Casa de banho

quarto (m) de banho	ห้องน้ำ	hôrng náam
água (f)	น้ำ	nám
torneira (f)	ก๊อกน้ำ	gòk náam
água (f) quente	น้ำร้อน	nám rórn
água (f) fria	น้ำเย็น	nám yen
pasta (f) de dentes	ยาสีฟัน	yaa sĕe fan
escovar os dentes	แปรงฟัน	bpraeng fan
escova (f) de dentes	แปรงสีฟัน	bpraeng sĕe fan
barbear-se (vr)	โกน	gohn
espuma (f) de barbear	โฟมโกนหนวด	fohm gohn nùat
máquina (f) de barbear	มีดโกน	mêet gohn
lavar (vt)	ล้าง	láang
lavar-se (vr)	อาบ	àap
duche (m)	ฝักบัว	fàk bua
tomar um duche	อาบน้ำฝักบัว	àap náam fàk bua
banheira (f)	อ่างอาบน้ำ	àang àap náam
sanita (f)	โถชักโครก	thŏh chák khrôhk
lavatório (m)	อ่างล้างหน้า	àang láang-nâa
sabonete (m)	สบู่	sà-bòo
saboneteira (f)	ที่ใส่สบู่	thêe sài sà-bòo
esponja (f)	ฟองน้ำ	forng náam
champô (m)	แชมพู	chaem-phoo
toalha (f)	ผ้าเช็ดตัว	phâa chét dtua
roupão (m) de banho	เสื้อคลุมอาบน้ำ	sêua khlum àap náam

lavagem (f) การซักผ้า gaan sák phâa
máquina (f) de lavar เครื่องซักผ้า khrêuang sák phâa
lavar a roupa ซักผ้า sák phâa
detergente (m) ผงซักฟอก phǒng sák-fôrk

68. Eletrodomésticos

televisor (m) ทีวี thee-wee
gravador (m) เครื่องบันทึกเทป khrêuang ban-théuk thâyp
videogravador (m) เครื่องบันทึกวิดีโอ khrêuang ban-théuk wí-dee-oh
rádio (m) วิทยุ wít-thá-yú
leitor (m) เครื่องเล่น khrêuang lên

projetor (m) โปรเจ็คเตอร์ bproh-jèk-dtêr
cinema (m) em casa เครื่องฉายภาพยนตร์ที่บ้าน khhrêuang chǎai phâap-phá yon thêe bâan
leitor (m) de DVD เครื่องเล่น DVD khrêuang lên dee-wee-dee
amplificador (m) เครื่องขยายเสียง khrêuang khà-yǎai sǐang
console (f) de jogos เครื่องเกมคอนโซล khrêuang gaym khorn sohn

câmara (f) de vídeo กล้องถ่ายวิดีโอ glôrng thàai wí-dee-oh
máquina (f) fotográfica กล้องถ่ายรูป glôrng thàai rôop
câmara (f) digital กลองดิจิตอล glôrng dì-jì-dton

aspirador (m) เครื่องดูดฝุ่น khrêuang dòot fùn
ferro (m) de engomar เตารีด dtao rêet
tábua (f) de engomar กระดานรองรีด grà-daan rorng rêet

telefone (m) โทรศัพท์ thoh-rá-sàp
telemóvel (m) มือถือ meu thěu
máquina (f) de escrever เครื่องพิมพ์ดีด khrêuang phim dèet
máquina (f) de costura จักรเย็บผ้า jàk yép phâa

microfone (m) ไมโครโฟน mai-khroh-fohn
auscultadores (m pl) หูฟัง hǒo fang
controlo remoto (m) รีโมตทีวี ree môht thee wee

CD (m) CD see-dee
cassete (f) เทป thâyp
disco (m) de vinil จานเสียง jaan sǐang

ATIVIDADES HUMANAS

Emprego. Negócios. Parte 1

69. Escritório. O trabalho no escritório

escritório (~ de advogados)	สำนักงาน	sǎm-nák ngaan
escritório (do diretor, etc.)	ห้องทำงาน	hôrng tham ngaan
receção (f)	แผนกต้อนรับ	phà-nàek dtôrn ráp
secretário (m)	เลขา	lay-khǎa
secretária (f)	เลขา	lay-khǎa
diretor (m)	ผู้อำนวยการ	phôo am-nuay gaan
gerente (m)	ผู้จัดการ	phôo jàt gaan
contabilista (m)	คนทำบัญชี	khon tham ban-chee
empregado (m)	พนักงาน	phá-nák ngaan
mobiliário (m)	เครื่องเรือน	khrêuang reuan
mesa (f)	โต๊ะ	dtó
cadeira (f)	เก้าอี้สำนักงาน	gâo-êe sǎm-nák ngaan
bloco (m) de gavetas	ตู้มีลิ้นชัก	dtôo mee lín chák
cabide (m) de pé	ไม้แขวนเสื้อ	mái khwǎen sêua
computador (m)	คอมพิวเตอร์	khorm-phiw-dtêr
impressora (f)	เครื่องพิมพ์	khrêuang phim
fax (m)	เครื่องโทรสาร	khrêuang thoh-rá-sǎan
fotocopiadora (f)	เครื่องอัดสำเนา	khrêuang àt sǎm-nao
papel (m)	กระดาษ	grà-dàat
artigos (m pl) de escritório	เครื่องใช้สำนักงาน	khrêuang chái sǎm-nák ngaan
tapete (m) de rato	แผ่นรองเมาส์	phàen rorng mao
folha (f) de papel	ใบ	bai
pasta (f)	แฟ้ม	fáem
catálogo (m)	บัญชีรายชื่อ	ban-chee raai chêu
diretório (f) telefónico	สมุดโทรศัพท์	sà-mùt thoh-rá-sàp
documentação (f)	เอกสาร	àyk sǎan
brochura (f)	โบรชัวร์	broh-chua
flyer (m)	ใบปลิว	bai bpliw
amostra (f)	ตัวอย่าง	dtua yàang
formação (f)	การประชุมฝึกอบรม	gaan bprà-chum fèuk òp-rom
reunião (f)	การประชุม	gaan bprà-chum
hora (f) de almoço	การพักเที่ยง	gaan phák thîang
fazer uma cópia	ทำสำเนา	tham sǎm-nao
tirar cópias	ทำสำเนาหลายฉบับ	tham sǎm-nao lǎai chà-bàp
receber um fax	รับโทรสาร	ráp thoh-rá-sǎan

enviar um fax	ส่งโทรสาร	sòng thoh-rá-sǎan
fazer uma chamada	โทรศัพท์	thoh-rá-sàp
responder (vt)	รับสาย	ráp sǎai
passar (vt)	โอนสาย	ohn sǎai
marcar (vt)	นัด	nát
demonstrar (vt)	สาธิต	sǎa-thít
estar ausente	ขาด	khàat
ausência (f)	การขาด	gaan khàat

70. Processos negociais. Parte 1

negócio (m)	ธุรกิจ	thú-rá gìt
ocupação (f)	อาชีพ	aa-chêep
firma, empresa (f)	บริษัท	bor-rí-sàt
companhia (f)	บริษัท	bor-rí-sàt
corporação (f)	บริษัท	bor-rí-sàt
empresa (f)	บริษัท	bor-rí-sàt
agência (f)	สำนักงาน	sǎm-nák ngaan
acordo (documento)	ข้อตกลง	khôr dtòk long
contrato (m)	สัญญา	sǎn-yaa
acordo (transação)	ข้อตกลง	khôr dtòk long
encomenda (f)	การสั่ง	gaan sàng
cláusulas (f pl), termos (m pl)	เงื่อนไข	ngêuan khǎi
por grosso (adv)	ขายส่ง	khǎai sòng
por grosso (adj)	ขายส่ง	khǎai sòng
venda (f) por grosso	การขายส่ง	gaan khǎai sòng
a retalho	ขายปลีก	khǎai bplèek
venda (f) a retalho	การขายปลีก	gaan khǎai bplèek
concorrente (m)	คู่แข่ง	khôo khàeng
concorrência (f)	การแข่งขัน	gaan khàeng khǎn
competir (vi)	แข่งขัน	khàeng khǎn
sócio (m)	พันธมิตร	phan-thá-mít
parceria (f)	หางหุ้นส่วน	hâang hûn sùan
crise (f)	วิกฤติ	wí-grìt
bancarrota (f)	การล้มละลาย	gaan lóm lá-laai
entrar em falência	ล้มละลาย	lóm lá-laai
dificuldade (f)	ความยากลำบาก	khwaam yâak lam-bàak
problema (m)	ปัญหา	bpan-hǎa
catástrofe (f)	ความหายนะ	khwaam hǎa-yá-ná
economia (f)	เศรษฐกิจ	sàyt-thà-gìt
económico	ทางเศรษฐกิจ	thaang sàyt-thà-gìt
recessão (f) económica	เศรษฐกิจถดถอย	sàyt-thà-gìt thòt thǒi
objetivo (m)	เป้าหมาย	bpâo mǎai
tarefa (f)	งาน	ngaan
comercializar (vi)	แลกเปลี่ยน	lâek bplìan

rede (de distribuição)	เครือข่าย	khreua khàai
estoque (m)	คลังสินค้า	khlang sĭn kháa
sortido (m)	ประเภทสินค้าต่างๆ	bprà-phâyt sĭn kháa dtàang dtàang
líder (m)	ผู้นำ	phôo nam
grande (~ empresa)	ขนาดใหญ่	khà-nàat yài
monopólio (m)	การผูกขาด	gaan phòok khàat
teoria (f)	ทฤษฎี	thrít-sà-dee
prática (f)	การดำเนินการ	gaan dam-nern gaan
experiência (falar por ~)	ประสบการณ์	bprà-sòp gaan
tendência (f)	แนวโน้ม	naew nóhm
desenvolvimento (m)	การพัฒนา	gaan phát-thá-naa

71. Processos negociais. Parte 2

rentabilidade (f)	กำไร	gam-rai
rentável	กำไร	gam-rai
delegação (f)	คณะผู้แทน	khá-ná phôo thaen
salário, ordenado (m)	เงินเดือน	ngern deuan
corrigir (um erro)	แก้ไข	gâe khăi
viagem (f) de negócios	การเดินทางไปทำธุรกิจ	gaan dern taang bpai tham thú-rá gìt
comissão (f)	คณะ	khá-ná
controlar (vt)	ควบคุม	khûap khum
conferência (f)	งานประชุม	ngaan bprà-chum
licença (f)	ใบอนุญาต	bai a-nú-yâat
fiável	พึ่งพาได้	phêung phaa dâai
empreendimento (m)	การริเริ่ม	gaan rí-rêrm
norma (f)	มาตรฐาน	mâat-dtrà-thăan
circunstância (f)	ภาวะ	phaa-wá
dever (m)	หน้าที่	nâa thêe
empresa (f)	องค์การ	ong gaan
organização (f)	การจัด	gaan jàt
organizado	ที่ถูกจัด	thêe thòok jàt
anulação (f)	การยกเลิก	gaan yók lêrk
anular, cancelar (vt)	ยกเลิก	yók lêrk
relatório (m)	รายงาน	raai ngaan
patente (f)	สิทธิบัตร	sìt-thí bàt
patentear (vt)	จดสิทธิบัตร	jòt sìt-thí bàt
planear (vt)	วางแผน	waang phăen
prémio (m)	โบนัส	boh-nát
profissional	ทางวิชาชีพ	thaang wí-chaa chêep
procedimento (m)	กระบวนการ	grà-buan gaan
examinar (a questão)	ปรึกษาหารือ	bprèuk-săa hăa-reu
cálculo (m)	การนับ	gaan náp

reputação (f)	ความมีหน้ามีตา	khwaam mee nâa mee dtaa
risco (m)	ความเสี่ยง	khwaam sìang

dirigir (~ uma empresa)	บริหาร	bor-rí-hăan
informação (f)	ข้อมูล	khôr moon
propriedade (f)	ทรัพย์สิน	sáp sĭn
união (f)	สหภาพ	sà-hà phâap

seguro (m) de vida	การประกันชีวิต	gaan bprà-gan chee-wít
fazer um seguro	ประกันภัย	bprà-gan phai
seguro (m)	การประกันภัย	gaan bprà-gan phai

leilão (m)	การขายเลหลัง	gaan khăai lay-lăng
notificar (vt)	แจ้ง	jâeng
gestão (f)	การบริหาร	gaan bor-rí-hăan
serviço (indústria de ~s)	บริการ	bor-rí-gaan

fórum (m)	การประชุมฟอรั่ม	gaan bprà-chum for-râm
funcionar (vi)	ดำเนินการ	dam-nern gaan
estágio (m)	ขั้น	khân
jurídico	ทางกฎหมาย	thaang gòt măai
jurista (m)	ทนายความ	thá-naai khwaam

72. Produção. Trabalhos

usina (f)	โรงงาน	rohng ngaan
fábrica (f)	โรงงาน	rohng ngaan
oficina (f)	ห้องทำงาน	hôrng tham ngaan
local (m) de produção	ที่ผลิต	thêe phà-lìt

indústria (f)	อุตสาหกรรม	ùt-saa há-gam
industrial	ทางอุตสาหกรรม	thaang ùt-săa-hà-gam
indústria (f) pesada	อุตสาหกรรมหนัก	ùt-săa-hà-gam nàk
indústria (f) ligeira	อุตสาหกรรมเบา	ùt-săa-hà-gam bao

produção (f)	ผลิตภัณฑ์	phà-lìt-dtà-phan
produzir (vt)	ผลิต	phà-lìt
matérias (f pl) primas	วัตถุดิบ	wát-thù dìp

chefe (m) de brigada	คนคุมงาน	khon khum ngaan
brigada (f)	ทีมคนงาน	theem khon ngaan
operário (m)	คนงาน	khon ngaan

dia (m) de trabalho	วันทำงาน	wan tham ngaan
pausa (f)	หยุดพัก	yùt phák
reunião (f)	การประชุม	gaan bprà-chum
discutir (vt)	หารือ	hăa-reu
plano (m)	แผน	phăen
cumprir o plano	ทำตามแผน	tham dtaam păen
taxa (f) de produção	อัตราผลลัพธ์	àt-dtraa phŏn láp
qualidade (f)	คุณภาพ	khun-ná-phâap
controlo (m)	การควบคุม	gaan khûap khum
controlo (m) da qualidade	การควบคุมคุณภาพ	gaan khûap khum khun-ná-phâap

segurança (f) no trabalho   ความปลอดภัย
ในที่ทำงาน   khwaam bplòrt phai nai thêe tham ngaan
disciplina (f)   วินัย   wí-nai
infração (f)   การละเมิด   gaan lá-mêrt
violar (as regras)   ละเมิด   lá-mêrt

greve (f)   การประท้วงหยุดงาน   gaan bprà-thúang yùt ngaan
grevista (m)   ผู้ประท้วงหยุดงาน   phôo bprà-thúang yùt ngaan
estar em greve   ประท้วงหยุดงาน   bprà-thúang yùt ngaan
sindicato (m)   สหภาพแรงงาน   sà-hà-phâap raeng ngaan

inventar (vt)   ประดิษฐ์   bprà-dìt
invenção (f)   สิ่งประดิษฐ์   sìng bprà-dìt
pesquisa (f)   การวิจัย   gaan wí-jai
melhorar (vt)   ทำให้ดีขึ้น   tham hâi dee khêun
tecnologia (f)   เทคโนโลยี   thék-noh-loh-yee
desenho (m) técnico   ภาพร่างทางเทคนิค   phâap-râang thaang thék-nìk

carga (f)   ของบรรทุก   khŏrng ban-thúk
carregador (m)   คนงานยกของ   khon ngaan yók khŏrng
carregar (vt)   บรรทุก   ban-thúk
carregamento (m)   การบรรทุก   gaan ban-thúk
descarregar (vt)   ขนออก   khŏn òrk
descarga (f)   การขนออก   gaan khŏn òrk

transporte (m)   การขนส่ง   gaan khŏn sòng
companhia (f) de transporte   บริษัทขนส่ง   bor-rí-sàt khŏn sòng
transportar (vt)   ขนส่ง   khŏn sòng

vagão (m) de carga   ตู้รถไฟรถ   dtôo rót fai
cisterna (f)   ถัง   thăng
camião (m)   รถบรรทุก   rót ban-thúk

máquina-ferramenta (f)   เครื่องมือกล   khrêuang meu gon
mecanismo (m)   กลไก   gon-gai

resíduos (m pl) industriais   ของเสียจากโรงงาน   khŏrng sĭa jàak rohng ngaan
embalagem (f)   การทำหีบห่อ   gaan tham hèep hòr
embalar (vt)   แพ็คหีบห่อ   pháek hèep hòr

73. Contrato. Acordo

contrato (m)   สัญญา   săn-yaa
acordo (m)   ข้อตกลง   khôr dtòk long
adenda (f), anexo (m)   ภาคผนวก   phâak phà-nùak

assinar o contrato   ลงนามในสัญญา   long naam nai săn-yaa
assinatura (f)   ลายมือชื่อ   laai meu chêu
assinar (vt)   ลงนาม   long naam
carimbo (m)   ตราประทับ   dtraa bprà-tháp

objeto (m) do contrato   หัวข้อของสัญญา   hŭa khôr khŏrng săn-yaa
cláusula (f)   ข้อ   khôr
partes (f pl)   ฝ่าย   fàai

morada (f) jurídica	ที่อยู่ตามกฎหมาย	thêe yòo dtaam gòt mǎai
violar o contrato	การละเมิดสัญญา	gaan lá-mêrt sǎn-yaa
obrigação (f)	พันธสัญญา	phan-thá-sǎn-yaa
responsabilidade (f)	ความรับผิดชอบ	khwaam ráp phìt chôp
força (f) maior	เหตุสุดวิสัย	hàyt sùt wí-sǎi
litígio (m), disputa (f)	ความขัดแย้ง	khwaam khàt yáeng
multas (f pl)	บทลงโทษ	bòt long thôht

74. Importação & Exportação

importação (f)	การนำเข้า	gaan nam khâo
importador (m)	ผู้นำเข้า	phôo nam khâo
importar (vt)	นำเข้า	nam khâo
de importação	นำเข้า	nam khâo
exportação (f)	การส่งออก	gaan sòng òrk
exportador (m)	ผู้ส่งออก	phôo sòng òrk
exportar (vt)	ส่งออก	sòng òrk
de exportação	ส่งออก	sòng òrk
mercadoria (f)	สินค้า	sǐn kháa
lote (de mercadorias)	สินค้าที่ส่งไป	sǐn kháa thêe sòng bpai
peso (m)	น้ำหนัก	nám nàk
volume (m)	ปริมาณ	bpà-rí-maan
metro (m) cúbico	ลูกบาศก์เมตร	lôok bàat máyt
produtor (m)	ผู้ผลิต	phôo phà-lìt
companhia (f) de transporte	บริษัทขนส่ง	bor-rí-sàt khǒn sòng
contentor (m)	ตู้คอนเทนเนอร์	dtôo khorn thay ná-ner
fronteira (f)	ชายแดน	chaai daen
alfândega (f)	ด่านศุลกากร	dàan sǔn-lá-gaa-gon
taxa (f) alfandegária	ภาษีศุลกากร	phaa-sěe sǔn-lá-gaa-gon
funcionário (m) da alfândega	เจ้าหน้าที่ศุลกากร	jâo nâa-thêe sǔn-lá-gaa-gon
contrabando (atividade)	การลักลอบ	gaan lák-lôrp
contrabando (produtos)	สินค้าที่ผิดกฎหมาย	sǐn kháa thêe phìt gòt mǎai

75. Finanças

ação (f)	หุ้น	hûn
obrigação (f)	ตราสารหนี้	dtraa sǎan nêe
nota (f) promissória	ตั๋วสัญญาใช้เงิน	dtǔa sǎn-yaa chái ngern
bolsa (f)	ตลาดหลักทรัพย์	dtà-làat làk sáp
cotação (m) das ações	ราคาหุ้น	raa-khaa hûn
tornar-se mais barato	ถูกลง	thòok long
tornar-se mais caro	แพงขึ้น	phaeng khêun
parte (f)	ปันผล	bpan phǒn
participação (f) maioritária	ส่วนได้เสียที่มีอำนาจควบคุม	sùan dâai sǐa têe mee am-nâat khûap khum

investimento (m)	การลงทุน	gaan long thun
investir (vt)	ลงทุน	long thun
percentagem (f)	เปอร์เซ็นต์	bper-sen
juros (m pl)	ดอกเบี้ย	dòrk bîa
lucro (m)	กำไร	gam-rai
lucrativo	ได้กำไร	dâai gam-rai
imposto (m)	ภาษี	phaa-sěe
divisa (f)	สกุลเงิน	sà-gun ngern
nacional	แห่งชาติ	hàeng châat
câmbio (m)	การแลกเปลี่ยน	gaan lâek bplìan
contabilista (m)	นักบัญชี	nák ban-chee
contabilidade (f)	การทำบัญชี	gaan tham ban-chee
bancarrota (f)	การล้มละลาย	gaan lóm lá-laai
falência (f)	การพังพินาศ	gaan phang phí-nâat
ruína (f)	ความพินาศ	khwaam phí-nâat
arruinar-se (vr)	ล้มละลาย	lóm lá-laai
inflação (f)	เงินเฟ้อ	ngern fér
desvalorização (f)	การลดค่าเงิน	gaan lót khâa ngern
capital (m)	เงินทุน	ngern thun
rendimento (m)	รายได้	raai dâai
volume (m) de negócios	การหมุนเวียน	gaan mǔn wian
recursos (m pl)	ทรัพยากร	sáp-pá-yaa-gon
recursos (m pl) financeiros	แหล่งเงินทุน	làeng ngern thun
despesas (f pl) gerais	ค่าใช้จ่าย	khâa chái jàai
reduzir (vt)	ลด	lót

76. Marketing

marketing (m)	การตลาด	gaan dtà-làat
mercado (m)	ตลาด	dtà-làat
segmento (m) do mercado	ส่วนตลาด	sùan dtà-làat
produto (m)	ผลิตภัณฑ์	phà-lìt-dtà-phan
mercadoria (f)	สินค้า	sǐn kháa
marca (f)	ยี่ห้อ	yêe hôr
marca (f) comercial	เครื่องหมายการค้า	khrêuang mǎai gaan kháa
logotipo (m)	โลโก้	loh-gôh
logo (m)	โลโก้	loh-gôh
demanda (f)	อุปสงค์	u-bpà-sǒng
oferta (f)	อุปทาน	u-bpà-thaan
necessidade (f)	ความต้องการ	khwaam dtôrng gaan
consumidor (m)	ผู้บริโภค	phôo bor-rí-phôhk
análise (f)	การวิเคราะห์	gaan wí-khrór
analisar (vt)	วิเคราะห์	wí-khrór
posicionamento (m)	การวางตำแหน่งผลิตภัณฑ์	gaan waang dtam-nàeng phà-lìt-dtà-phan

posicionar (vt)	วางตำแหน่งผลิตภัณฑ์	waang dtam-nàeng phà-lìt-dtà-phan
preço (m)	ราคา	raa-khaa
política (f) de preços	นโยบายการตั้งราคา	ná-yoh-baai gaan dtâng raa-khaa
formação (f) de preços	การตั้งราคา	gaan dtâng raa-khaa

77. Publicidade

publicidade (f)	การโฆษณา	gaan khôht-sà-naa
publicitar (vt)	โฆษณา	khôht-sà-naa
orçamento (m)	งบประมาณ	ngóp bprà-maan
anúncio (m) publicitário	การโฆษณา	gaan khôht-sà-naa
publicidade (f) televisiva	การโฆษณาทางทีวี	gaan khôht-sà-naa thaang thee wee
publicidade (f) na rádio	การโฆษณาทางวิทยุ	gaan khôht-sà-naa thaang wít-thá-yú
publicidade (f) exterior	การโฆษณาแบบกลางแจ้ง	gaan khôht-sà-naa bàep glaang jâeng
meios (m pl) de comunicação social	สื่อสารมวลชน	sèu săan muan chon
periódico (m)	หนังสือรายคาบ	năng-sĕu raai khâap
imagem (f)	ภาพลักษณ์	phâap-lák
slogan (m)	คำขวัญ	kham khwăn
mote (m), divisa (f)	คติพจน์	khá-dtì phót
campanha (f)	การรณรงค์	gaan ron-ná-rorng
companha (f) publicitária	การรณรงค์โฆษณา	gaan ron-ná-rorng khôht-sà-naa
grupo (m) alvo	กลุ่มเป้าหมาย	glùm bpâo-măai
cartão (m) de visita	นามบัตร	naam bàt
flyer (m)	ใบปลิว	bai bpliw
brochura (f)	โบรชัวร์	broh-chua
folheto (m)	แผ่นพับ	phàen pháp
boletim (~ informativo)	จดหมายข่าว	jòt măai khàao
letreiro (m)	ป้ายร้าน	bpâai ráan
cartaz, póster (m)	โปสเตอร์	bpòht-dtêr
painel (m) publicitário	กระดานปิดประกาศโฆษณา	grà-daan bpìt bprà-gàat khôht-sà-naa

78. Banca

banco (m)	ธนาคาร	thá-naa-khaan
sucursal, balcão (f)	สาขา	săa-khăa
consultor (m)	พนักงานธนาคาร	phá-nák ngaan thá-naa-khaan
gerente (m)	ผู้จัดการ	phôo jàt gaan

conta (f)	บัญชีธนาคาร	ban-chee thá-naa-kaan
número (m) da conta	หมายเลขบัญชี	măai lâyk ban-chee
conta (f) corrente	กระแสรายวัน	grà-săe raai wan
conta (f) poupança	บัญชีออมทรัพย์	ban-chee orm sáp
abrir uma conta	เปิดบัญชี	bpèrt ban-chee
fechar uma conta	ปิดบัญชี	bpìt ban-chee
depositar na conta	ฝากเงินเข้าบัญชี	fàak ngern khâo ban-chee
levantar (vt)	ถอน	thŏrn
depósito (m)	การฝาก	gaan fàak
fazer um depósito	ฝาก	fàak
transferência (f) bancária	การโอนเงิน	gaan ohn ngern
transferir (vt)	โอนเงิน	ohn ngern
soma (f)	จำนวนเงินรวม	jam-nuan ngern ruam
Quanto?	เท่าไหร่?	thâo rài
assinatura (f)	ลายมือชื่อ	laai meu chêu
assinar (vt)	ลงนาม	long naam
cartão (m) de crédito	บัตรเครดิต	bàt khray-dìt
código (m)	รหัส	rá-hàt
número (m) do cartão de crédito	หมายเลขบัตรเครดิต	măai lâyk bàt khray-dìt
Caixa Multibanco (m)	เอทีเอ็ม	ay-thee-em
cheque (m)	เช็ค	chék
passar um cheque	เขียนเช็ค	khĭan chék
livro (m) de cheques	สมุดเช็ค	sà-mùt chék
empréstimo (m)	เงินกู้	ngern gôo
pedir um empréstimo	ขอสินเชื่อ	khŏr sĭn chêua
obter um empréstimo	กู้เงิน	gôo ngern
conceder um empréstimo	ให้กู้เงิน	hâi gôo ngern
garantia (f)	การรับประกัน	gaan ráp bprà-gan

79. Telefone. Conversação telefónica

telefone (m)	โทรศัพท์	thoh-rá-sàp
telemóvel (m)	มือถือ	meu thĕu
secretária (f) electrónica	เครื่องพูดตอบ	khrêuang phôot dtòp
fazer uma chamada	โทรศัพท์	thoh-rá-sàp
chamada (f)	การโทรศัพท์	gaan thoh-rá-sàp
marcar um número	หมุนหมายเลขโทรศัพท์	mŭn măai lâyk thoh-rá-sàp
Alô!	สวัสดี!	sà-wàt-dee
perguntar (vt)	ถาม	thăam
responder (vt)	รับสาย	ráp săai
ouvir (vt)	ได้ยิน	dâai yin
bem	ดี	dee

mal	ไม่ดี	mâi dee
ruído (m)	เสียงรบกวน	sĭang róp guan
auscultador (m)	ตัวรับสัญญาณ	dtua ráp săn-yaan
pegar o telefone	รับสาย	ráp săai
desligar (vi)	วางสาย	waang săai
ocupado	ไม่ว่าง	mâi wâang
tocar (vi)	ดัง	dang
lista (f) telefónica	สมุดโทรศัพท์	sà-mùt thoh-rá-sàp
local	ในประเทศ	nai bprà-thâyt
chamada (f) local	โทรในประเทศ	thoh nai bprà-thâyt
para outra cidade	ระยะไกล	rá-yá glai
chamada (f) para outra cidade	โทรระยะไกล	thoh-rá-yá glai
internacional	ต่างประเทศ	dtàang bprà-thâyt
chamada (f) internacional	โทรต่างประเทศ	thoh dtàang bprà-thâyt

80. Telefone móvel

telemóvel (m)	มือถือ	meu thĕu
ecrã (m)	หน้าจอ	nâa jor
botão (m)	ปุ่ม	bpùm
cartão SIM (m)	ซิมการ์ด	sím gàat
bateria (f)	แบตเตอรี่	bàet-dter-rêe
descarregar-se	หมด	mòt
carregador (m)	ที่ชาร์จ	thêe châat
menu (m)	เมนู	may-noo
definições (f pl)	การตั้งค่า	gaan dtâng khâa
melodia (f)	เสียงเพลง	sĭang phlayng
escolher (vt)	เลือก	lêuak
calculadora (f)	เครื่องคิดเลข	khrêuang khít lâyk
correio (m) de voz	ข้อความเสียง	khôr khwaam sĭang
despertador (m)	นาฬิกาปลุก	naa-lí-gaa bplùk
contatos (m pl)	รายชื่อผู้ติดต่อ	raai chêu phôo dtìt dtòr
mensagem (f) de texto	SMS	es-e-mes
assinante (m)	ผู้สมัครรับบริการ	phôo sà-màk ráp bor-rí-gaan

81. Estacionário

caneta (f)	ปากกาลูกลื่น	bpàak gaa lôok lêun
caneta (f) tinteiro	ปากกาหมึกซึม	bpàak gaa mèuk seum
lápis (m)	ดินสอ	din-sŏr
marcador (m)	ปากกาเน้น	bpàak gaa náyn
caneta (f) de feltro	ปากกาเมจิค	bpàak gaa may jìk
bloco (m) de notas	สมุดจด	sà-mùt jòt
agenda (f)	สมุดบันทึกรายวัน	sà-mùt ban-théuk raai wan

régua (f)	ไม้บรรทัด	máai ban-thát
calculadora (f)	เครื่องคิดเลข	khrêuang khít lâyk
borracha (f)	ยางลบ	yaang lóp
pionés (m)	เป๊ก	bpáyk
clipe (m)	ลวดหนีบกระดาษ	lûat nèep grà-dàat
cola (f)	กาว	gaao
agrafador (m)	ที่เย็บกระดาษ	thêe yép grà-dàat
furador (m)	ที่เจาะรูกระดาษ	thêe jòr roo grà-dàat
afia-lápis (m)	ที่เหลาดินสอ	thêe lǎo din-sǒr

82. Tipos de negócios

serviços (m pl) de contabilidade	บริการทำบัญชี	bor-rí-gaan tham ban-chee
publicidade (f)	การโฆษณา	gaan khôht-sà-naa
agência (f) de publicidade	บริษัทโฆษณา	bor-rí-sàt khôht-sà-naa
ar condicionado (m)	เครื่องปรับอากาศ	khrêuang bpràp-aa-gàat
companhia (f) aérea	สายการบิน	sǎai gaan bin
bebidas (f pl) alcoólicas	เครื่องดื่มแอลกอฮอล์	khrêuang dèum aen-gor-hor
comércio (m) de antiguidades	ของเก่า	khǒrng gào
galeria (f) de arte	หอศิลป์	hǒr sǐn
serviços (m pl) de auditoria	บริการตรวจสอบบัญชี	bor-rí-gaan dtrùat sòrp ban-chee
negócios (m pl) bancários	การธนาคาร	gaan thá-naa-khaan
bar (m)	บาร์	baa
salão (m) de beleza	ช่างเสริมสวย	châang sěrm sǔay
livraria (f)	ร้านขายหนังสือ	ráan khǎai nǎng-sěu
cervejaria (f)	โรงงานต้มเหล้า	rohng ngaan dtôm lâu
centro (m) de escritórios	ศูนย์ธุรกิจ	sǒon thú-rá gìt
escola (f) de negócios	โรงเรียนธุรกิจ	rohng rian thú-rá gìt
casino (m)	คาสิโน	khaa-sì-noh
construção (f)	การก่อสร้าง	gaan gòr sâang
serviços (m pl) de consultoria	การปรึกษา	gaan bprèuk-sǎa
estomatologia (f)	คลินิกทันตกรรม	khlí-nìk than-ta-gam
design (m)	การออกแบบ	gaan òrk bàep
farmácia (f)	ร้านขายยา	ráan khǎai yaa
lavandaria (f)	ร้านซักแห้ง	ráan sák hâeng
agência (f) de emprego	สำนักงานจัดหางาน	sǎm-nák ngaan jàt hǎa ngaan
serviços (m pl) financeiros	บริการด้านการเงิน	bor-rí-gaan dâan gaan ngern
alimentos (m pl)	ผลิตภัณฑ์อาหาร	phà-lìt-dtà-phan aa hǎan
agência (f) funerária	บริษัทรับจัดงานศพ	bor-rí-sàt ráp jàt ngaan sòp
mobiliário (m)	เครื่องเรือน	khrêuang reuan
roupa (f)	เสื้อผ้า	sêua phâa
hotel (m)	โรงแรม	rohng raem
gelado (m)	ไอศกรีม	ai-sà-greem
indústria (f)	อุตสาหกรรม	út-saa há-gam

seguro (m)	การประกัน	gaan bprà-gan
internet (f)	อินเทอร์เน็ต	in-thêr-nét
investimento (m)	การลงทุน	gaan long thun
joalheiro (m)	ช่างทำเครื่องเพชรพลอย	châang tham khrêuang phét phloi
joias (f pl)	เครื่องเพชรพลอย	khrêuang phét phloi
lavandaria (f)	โรงซักรีดผ้า	rohng sák rêet phâa
serviços (m pl) jurídicos	คนที่ปรึกษาทางกฎหมาย	khon thêe bprèuk-sǎa thaang gòt mǎai
indústria (f) ligeira	อุตสาหกรรมเบา	ùt-sǎa-hà-gam bao
revista (f)	นิตยสาร	nít-dtà-yá-sǎan
vendas (f pl) por catálogo	การขายสินค้าทางไปรษณีย์	gaan khǎai sǐn kháa thaang bprai-sà-nee
medicina (f)	การแพทย์	gaan phâet
cinema (m)	โรงภาพยนตร์	rohng phâap-phá-yon
museu (m)	พิพิธภัณฑ์	phí-phítha phan
agência (f) de notícias	สำนักข่าว	sǎm-nák khàao
jornal (m)	หนังสือพิมพ์	nǎng-sěu phim
clube (m) noturno	ไนท์คลับ	nai-khláp
petróleo (m)	น้ำมัน	nám man
serviço (m) de encomendas	บริการจัดส่ง	bor-rí-gaan jàt sòng
indústria (f) farmacêutica	เภสัชกรรม	phay-sàt-cha -gam
poligrafia (f)	สิ่งพิมพ์	sìng phim
editora (f)	สำนักพิมพ์	sǎm-nák phim
rádio (m)	วิทยุ	wít-thá-yú
imobiliário (m)	อสังหาริมทรัพย์	a-sǎng-hǎa-rim-má-sáp
restaurante (m)	ร้านอาหาร	ráan aa-hǎan
empresa (f) de segurança	บริษัทรักษาความปลอดภัย	bor-rí-sàt rák-sǎa khwaam bplòrt phai
desporto (m)	กีฬา	gee-laa
bolsa (f)	ตลาดหลักทรัพย์	dtà-làat làk sáp
loja (f)	ร้านค้า	ráan kháa
supermercado (m)	ซูเปอร์มาร์เก็ต	soo-bper-maa-gèt
piscina (f)	สระว่ายน้ำ	sà wâai náam
alfaiataria (f)	ร้านตัดเสื้อ	ráan dtàt sêua
televisão (f)	โทรทัศน์	thoh-rá-thát
teatro (m)	โรงละคร	rohng lá-khon
comércio (atividade)	การค้าขาย	gaan kháa kǎai
serviços (m pl) de transporte	การขนส่ง	gaan khǒn sòng
viagens (m pl)	การท่องเที่ยว	gaan thôrng thîeow
veterinário (m)	สัตวแพทย์	sàt phâet
armazém (m)	โกดังเก็บสินค้า	goh-dang gèp sǐn kháa
recolha (f) do lixo	การเก็บขยะ	gaan gèp khà-yà

Emprego. Negócios. Parte 2

83. Espetáculo. Feira

feira (f)	งานแสดง	ngaan sà-daeng
feira (f) comercial	งานแสดงสินค้า	ngaan sà-daeng sĭn kháa
participação (f)	การเข้าร่วม	gaan khâo rûam
participar (vi)	เข้าร่วมใน	khâo rûam nai
participante (m)	ผู้เข้าร่วม	phôo khâo rûam
diretor (m)	ผู้อำนวยการ	phôo am-nuay gaan
direção (f)	สำนักงานผู้จัด	săm-nák ngaan phôo jàt
organizador (m)	ผู้จัด	phôo jàt
organizar (vt)	จัด	jàt
ficha (f) de inscrição	แบบฟอร์มลงทะเบียน	bàep form long thá-bian
preencher (vt)	กรอก	gròrk
detalhes (m pl)	รายละเอียด	raai lá-ìat
informação (f)	ข้อมูล	khôr moon
preço (m)	ราคา	raa-khaa
incluindo	รวมถึง	ruam thĕung
incluir (vt)	รวม	ruam
pagar (vt)	จ่าย	jàai
taxa (f) de inscrição	ค่าลงทะเบียน	khâa long thá-bian
entrada (f)	ทางเข้า	thaang khâo
pavilhão (m)	ศาลา	săa-laa
inscrever (vt)	ลงทะเบียน	long thá-bian
crachá (m)	ป้ายชื่อ	bpâai chêu
stand (m)	บูธแสดงสินค้า	bòot sà-daeng sĭn kháa
reservar (vt)	จอง	jorng
vitrina (f)	ตู้โชว์สินค้า	dtôo choh sĭn kháa
foco, spot (m)	ไฟรวมแสงบนเวที	fai ruam săeng bon way-thee
design (m)	การออกแบบ	gaan òrk bàep
pôr, colocar (vt)	วาง	waang
pôr, colocar	ถูกตั้ง	thòok dtâng
distribuidor (m)	ผู้จัดจำหน่าย	phôo jàt jam-nàai
fornecedor (m)	ผู้จัดหา	phôo jàt hăa
fornecer (vt)	จัดหา	jàt hăa
país (m)	ประเทศ	bprà-thâyt
estrangeiro	ต่างชาติ	dtàang châat
produto (m)	ผลิตภัณฑ์	phà-lìt-dtà-phan
associação (f)	สมาคม	sà-maa khom
sala (f) de conferências	ห้องประชุม	hôrng bprà-chum

congresso (m)	การประชุม	gaan bprà-chum
concurso (m)	การแข่งขัน	gaan khàeng khăn
visitante (m)	ผู้เข้าร่วม	phôo khâo rûam
visitar (vt)	เข้าร่วม	khâo rûam
cliente (m)	ลูกค้า	lôok kháa

84. Ciência. Investigação. Cientistas

ciência (f)	วิทยาศาสตร์	wít-thá-yaa sàat
científico	ทางวิทยาศาสตร์	thaang wít-thá-yaa sàat
cientista (m)	นักวิทยาศาสตร์	nák wít-thá-yaa sàat
teoria (f)	ทฤษฎี	thrít-sà-dee

axioma (m)	สัจพจน์	sàt-jà-phót
análise (f)	การวิเคราะห์	gaan wí-khrór
analisar (vt)	วิเคราะห์	wí-khrór
argumento (m)	ข้อโต้แย้ง	khôr dtôh yáeng
substância (f)	สาร	săan

hipótese (f)	สมมติฐาน	sŏm-mút thăan
dilema (m)	โจทย์	jòht
tese (f)	ปริญญานิพนธ์	bpà-rin-yaa ní-phon
dogma (m)	หลัก	làk

doutrina (f)	หลักคำสอน	làk kham sŏrn
pesquisa (f)	การวิจัย	gaan wí-jai
pesquisar (vt)	วิจัย	wí-jai
teste (m)	การควบคุม	gaan khûap khum
laboratório (m)	ห้องทดลอง	hôrng thót lorng

método (m)	วิธี	wí-thee
molécula (f)	โมเลกุล	moh-lay-gun
monitoramento (m)	การเฝ้าสังเกต	gaan fâo săng-gàyt
descoberta (f)	การค้นพบ	gaan khón phóp

postulado (m)	สัจพจน์	sàt-jà-phót
princípio (m)	หลักการ	làk gaan
prognóstico (previsão)	การคาดการณ์	gaan khâat gaan
prognosticar (vt)	คาดการณ์	khâat gaan

síntese (f)	การสังเคราะห์	gaan săng-khrór
tendência (f)	แนวโน้ม	naew nóhm
teorema (m)	ทฤษฎีบท	thrít-sà-dee bòt

ensinamentos (m pl)	คำสอน	kham sŏrn
facto (m)	ข้อเท็จจริง	khôr thét jing
expedição (f)	การสำรวจ	gaan săm-rùat
experiência (f)	การทดลอง	gaan thót lorng

académico (m)	นักวิชาการ	nák wí-chaa gaan
bacharel (m)	บัณฑิต	ban-dìt
doutor (m)	ดุษฎีบัณฑิต	dùt-sà-dee ban-dìt
docente (m)	รองศาสตราจารย์	rorng sàat-sà-dtraa-jaan

| mestre (m) | มหาบัณฑิต | má-hăa ban-dìt |
| professor (m) catedrático | ศาสตราจารย์ | sàat-sà-dtraa-jaan |

Profissões e ocupações

85. Procura de emprego. Demissão

trabalho (m)	งาน	ngaan
equipa (f)	พนักงาน	phá-nák ngaan
pessoal (m)	พนักงาน	phá-nák ngaan
carreira (f)	อาชีพ	aa-chêep
perspetivas (f pl)	โอกาส	oh-gàat
mestria (f)	ทักษะ	thák-sà
seleção (f)	การคัดเลือก	gaan khát lêuak
agência (f) de emprego	สำนักงานจัดหางาน	săm-nák ngaan jàt hăa ngaan
CV, currículo (m)	ประวัติย่อ	bprà-wàt yôr
entrevista (f) para um emprego	สัมภาษณ์งาน	săm-phâat ngaan
vaga (f)	ตำแหน่งว่าง	dtam-nàeng wâang
salário (m)	เงินเดือน	ngern deuan
salário (m) fixo	เงินเดือน	ngern deuan
pagamento (m)	ค่าแรง	khâa raeng
posto (m)	ตำแหน่ง	dtam-nàeng
dever (do empregado)	หน้าที่	nâa thêe
gama (f) de deveres	หน้าที่	nâa thêe
ocupado	ไม่ว่าง	mâi wâang
despedir, demitir (vt)	ไล่ออก	lâi òrk
demissão (f)	การไล่ออก	gaan lâi òrk
desemprego (m)	การว่างงาน	gaan wâang ngaan
desempregado (m)	คนว่างงาน	khon wâang ngaan
reforma (f)	การเกษียณอายุ	gaan gà-sĭan aa-yú
reformar-se	เกษียณ	gà-sĭan

86. Gente de negócios

diretor (m)	ผู้อำนวยการ	phôo am-nuay gaan
gerente (m)	ผู้จัดการ	phôo jàt gaan
patrão, chefe (m)	หัวหน้า	hŭa-nâa
superior (m)	ผู้บังคับบัญชา	phôo bang-kháp ban-chaa
superiores (m pl)	คณะผู้บังคับบัญชา	khá-ná phôo bang-kháp ban-chaa
presidente (m)	ประธานาธิปดี	bprà-thaa-naa-thí-bor-dee
presidente (m) de direção	ประธาน	bprà-thaan

substituto (m)	รอง	rorng
assistente (m)	ผู้ช่วย	phôo chûay
secretário (m)	เลขา	lay-khǎa
secretário (m) pessoal	ผู้ช่วยส่วนบุคคล	phôo chûay sùan bùk-khon
homem (m) de negócios	นักธุรกิจ	nák thú-rá-gìt
empresário (m)	ผู้ประกอบการ	phôo bprà-gòp gaan
fundador (m)	ผู้ก่อตั้ง	phôo gòr dtâng
fundar (vt)	ก่อตั้ง	gòr dtâng
fundador, sócio (m)	ผู้ก่อตั้ง	phôo gòr dtâng
parceiro, sócio (m)	หุ้นส่วน	hûn sùan
acionista (m)	ผู้ถือหุ้น	phôo thěu hûn
milionário (m)	เศรษฐีเงินล้าน	sàyt-thěe ngern láan
bilionário (m)	มหาเศรษฐี	má-hǎa sàyt-thěe
proprietário (m)	เจ้าของ	jâo khǒrng
proprietário (m) de terras	เจาของที่ดิน	jâo khǒrng thêe din
cliente (m)	ลูกค้า	lôok kháa
cliente (m) habitual	ลูกคาประจำ	lôok kháa bprà-jam
comprador (m)	ลูกค้า	lôok kháa
visitante (m)	ผู้เขารวม	phôo khâo rûam
profissional (m)	ผู้เป็นมืออาชีพ	phôo bpen meu aa-chêep
perito (m)	ผู้เชี่ยวชาญ	phôo chîeow-chaan
especialista (m)	ผู้ชำนาญเฉพาะทาง	phôo cham-naan chà-phó thaang
banqueiro (m)	พนักงานธนาคาร	phá-nák ngaan thá-naa-khaan
corretor (m)	นายหน้า	naai nâa
caixa (m, f)	แคชเชียร์	khâet chia
contabilista (m)	นักบัญชี	nák ban-chee
guarda (m)	ยาม	yaam
investidor (m)	ผู้ลงทุน	phôo long thun
devedor (m)	ลูกหนี้	lôok nêe
credor (m)	เจ้าหนี้	jâo nêe
mutuário (m)	ผู้ยืม	phôo yeum
importador (m)	ผู้นำเข้า	phôo nam khâo
exportador (m)	ผู้ส่งออก	phôo sòng òrk
produtor (m)	ผู้ผลิต	phôo phà-lìt
distribuidor (m)	ผู้จัดจำหน่าย	phôo jàt jam-nàai
intermediário (m)	คนกลาง	khon glaang
consultor (m)	ที่ปรึกษา	thêe bprèuk-sǎa
representante (m)	พนักงานขาย	phá-nák ngaan khǎai
agente (m)	ตัวแทน	dtua thaen
agente (m) de seguros	ตัวแทนประกัน	dtua thaen bprà-gan

87. Profissões de serviços

cozinheiro (m)	ดูนครัว	khon khrua
cozinheiro chefe (m)	กุก	gúk
padeiro (m)	ช่างอบขนมปัง	châang òp khà-nŏm bpang
barman (m)	บาร์เทนเดอร์	baa-thayn-dêr
empregado (m) de mesa	พนักงานเสิร์ฟชาย	phá-nák ngaan sèrf chaai
empregada (f) de mesa	พนักงานเสิร์ฟหญิง	phá-nák ngaan sèrf yĭng
advogado (m)	ทนายความ	thá-naai khwaam
jurista (m)	นักกฎหมาย	nák gòt măai
notário (m)	พนักงานจดทะเบียน	phá-nák ngaan jòt thá-bian
eletricista (m)	ช่างไฟฟ้า	châang fai-fáa
canalizador (m)	ช่างประปา	châang bprà-bpaa
carpinteiro (m)	ช่างไม้	châang máai
massagista (m)	หมอนวดชาย	mŏr nûat chaai
massagista (f)	หมอนวดหญิง	mŏr nûat yĭng
médico (m)	แพทย์	phâet
taxista (m)	คนขับแท็กซี่	khon khàp tháek-sêe
condutor (automobilista)	คนขับ	khon khàp
entregador (m)	คนส่งของ	khon sòng khŏrng
camareira (f)	แม่บ้าน	mâe bâan
guarda (m)	ยาม	yaam
hospedeira (f) de bordo	พนักงานต้อนรับบนเครื่องบิน	phá-nák ngaan dtôrn ráp bon khrêuang bin
professor (m)	อาจารย์	aa-jaan
bibliotecário (m)	บรรณารักษ์	ban-naa-rák
tradutor (m)	นักแปล	nák bplae
intérprete (m)	ล่าม	lâam
guia (pessoa)	มัคคุเทศก์	mák-khú-thâyt
cabeleireiro (m)	ช่างทำผม	châang tham phŏm
carteiro (m)	บุรุษไปรษณีย์	bù-rùt bprai-sà-nee
vendedor (m)	คนขายของ	khon khăai khŏrng
jardineiro (m)	ชาวสวน	chaao sŭan
criado (m)	คนใช้	khon chái
criada (f)	สาวใช้	săao chái
empregada (f) de limpeza	คนทำความสะอาด	khon tham khwaam sà-àat

88. Profissões militares e postos

soldado (m) raso	พลทหาร	phon-thá-hăan
sargento (m)	สิบเอก	sìp àyk
tenente (m)	ร้อยโท	rói thoh
capitão (m)	ร้อยเอก	rói àyk
major (m)	พลตรี	phon-dtree

coronel (m)	พันเอก	phan àyk
general (m)	นายพล	naai phon
marechal (m)	จอมพล	jorm phon
almirante (m)	พลเรือเอก	phon reua àyk
militar (m)	ทางทหาร	thaang thá-hăan
soldado (m)	ทหาร	thá-hăan
oficial (m)	นายทหาร	naai thá-hăan
comandante (m)	ผู้บัญชาการ	phôo ban-chaa gaan
guarda (m) fronteiriço	ยามเฝ้าชายแดน	yaam fâo chaai daen
operador (m) de rádio	พลวิทยุ	phon wít-thá-yú
explorador (m)	ทหารพราน	thá-hăan phraan
sapador (m)	ทหารช่าง	thá-hăan châang
atirador (m)	พลแม่นปืน	phon mâen bpeun
navegador (m)	ต้นหน	dtôn hŏn

89. Oficiais. Padres

rei (m)	กษัตริย์	gà-sàt
rainha (f)	ราชินี	raa-chí-nee
príncipe (m)	เจ้าชาย	jâo chaai
princesa (f)	เจาหญิง	jâo yĭng
czar (m)	ซาร์	saa
czarina (f)	ซารีนา	saa-ree-naa
presidente (m)	ประธานาธิบดี	bprà-thaa-naa-thí-bor-dee
ministro (m)	รัฐมนตรี	rát-thà-mon-dtree
primeiro-ministro (m)	นายกรัฐมนตรี	naa-yók rát-thà-mon-dtree
senador (m)	สมาชิกวุฒิสภา	sà-maa-chík wút-thí sà-phaa
diplomata (m)	นักการทูต	nák gaan thôot
cônsul (m)	กงสุล	gong-sŭn
embaixador (m)	เอกอัครราชทูต	àyk-gà-àk-krá-râat-chá-tôot
conselheiro (m)	เจ้าหน้าที่การทูต	jâo nâa-thêe gaan thôot
funcionário (m)	ข้าราชการ	khâa râat-chá-gaan
prefeito (m)	เจ้าหน้าที่	jâo nâa-thêe
Presidente (m) da Càmara	นายกเทศมนตรี	naa-yók thâyt-sà-mon-dtree
juiz (m)	ผู้พิพากษา	phôo phí-phâak-săa
procurador (m)	อัยการ	ai-yá-gaan
missionário (m)	ผู้สอนศาสนา	phôo sŏrn sàat-sà-năa
monge (m)	พระ	phrá
abade (m)	เจ้าอาวาส	jâo aa-wâat
rabino (m)	พระในศาสนายิว	phrá nai sàat-sà-năa yiw
vizir (m)	วีซีร์	wee see
xá (m)	กษัตริย์อิหร่าน	gà-sàt i-ràan
xeque (m)	หัวหน้าเผ่าอาหรับ	hŭa nâa phào aa-ràp

90. Profissões agrícolas

apicultor (m)	คนเลี้ยงผึ้ง	khon líang phêung
pastor (m)	คนเลี้ยงปศุสัตว์	khon líang bpà-sù-sàt
agrónomo (m)	นักปฐพีวิทยา	nák bpà-tà-phee wít-thá-yaa
criador (m) de gado	ผู้ขยายพันธุ์สัตว์	phôo khà-yǎai phan sàt
veterinário (m)	สัตวแพทย์	sàt phâet
agricultor (m)	ชาวนา	chaao naa
vinicultor (m)	ผู้ผลิตไวน์	phôo phà-lìt wai
zoólogo (m)	นักสัตววิทยา	nák sàt wít-thá-yaa
cowboy (m)	โคบาล	khoh-baan

91. Profissões artísticas

ator (m)	นักแสดงชาย	nák sà-daeng chaai
atriz (f)	นักแสดงหญิง	nák sà-daeng yǐng
cantor (m)	นักร้องชาย	nák rórng chaai
cantora (f)	นักร้องหญิง	nák rórng yǐng
bailarino (m)	นักเต้นชาย	nák dtên chaai
bailarina (f)	นักเต้นหญิง	nák dtên yǐng
artista (m)	นักแสดงชาย	nák sà-daeng chaai
artista (f)	นักแสดงหญิง	nák sà-daeng yǐng
músico (m)	นักดนตรี	nák don-dtree
pianista (m)	นักเปียโน	nák bpia noh
guitarrista (m)	ผู้เล่นกีตาร์	phôo lên gee-dtâa
maestro (m)	ผู้ควบคุมวงดนตรี	phôo khûap khum wong don-dtree
compositor (m)	นักแต่งเพลง	nák dtàeng phlayng
empresário (m)	ผู้ควบคุมการแสดง	phôo khûap khum gaan sà-daeng
realizador (m)	ผู้กำกับภาพยนตร์	phôo gam-gàp phâap-phá-yon
produtor (m)	ผู้อำนวยการสร้าง	phôo am-nuay gaan sâang
argumentista (m)	คนเขียนบทภาพยนตร์	khon khǐan bòt phâap-phá-yon
crítico (m)	นักวิจารณ์	nák wí-jaan
escritor (m)	นักเขียน	nák khǐan
poeta (m)	นักกวี	nák gà-wee
escultor (m)	ช่างสลัก	châang sà-làk
pintor (m)	ช่างวาดรูป	châang wâat rôop
malabarista (m)	นักมายากลโยนของ	nák maa-yaa gon yohn khǒrng
palhaço (m)	ตัวตลก	dtua dtà-lòk
acrobata (m)	นักกายกรรม	nák gaai-yá-gam
mágico (m)	นักเล่นกล	nák lên gon

92. Várias profissões

médico (m)	แพทย์	phâet
enfermeira (f)	พยาบาล	phá-yaa-baan
psiquiatra (m)	จิตแพทย์	jìt-dtà-phâet
estomatologista (m)	ทันตแพทย์	than-dtà phâet
cirurgião (m)	ศัลยแพทย์	săn-yá-phâet
astronauta (m)	นักบินอวกาศ	nák bin a-wá-gàat
astrónomo (m)	นักดาราศาสตร์	nák daa-raa sàat
piloto (m)	นักบิน	nák bin
motorista (m)	คนขับ	khon khàp
maquinista (m)	คนขับรถไฟ	khon khàp rót fai
mecânico (m)	ช่างเครื่อง	châang khrêuang
mineiro (m)	คนงานเหมือง	khon ngaan měuang
operário (m)	คนงาน	khon ngaan
serralheiro (m)	ช่างโลหะ	châang loh-hà
marceneiro (m)	ช่างไม้	châang máai
torneiro (m)	ช่างกลึง	châang gleung
construtor (m)	คนงานก่อสร้าง	khon ngaan gòr sâang
soldador (m)	ช่างเชื่อม	châang chêuam
professor (m) catedrático	ศาสตราจารย์	sàat-sà-dtraa-jaan
arquiteto (m)	สถาปนิก	sà-thăa-bpà-ník
historiador (m)	นักประวัติศาสตร์	nák bprà-wàt sàat
cientista (m)	นักวิทยาศาสตร์	nák wít-thá-yaa sàat
físico (m)	นักฟิสิกส์	nák fí-sìk
químico (m)	นักเคมี	nák khay-mee
arqueólogo (m)	นักโบราณคดี	nák boh-raan-ná-khá-dee
geólogo (m)	นักธรณีวิทยา	nák thor-rá-nee wít-thá-yaa
pesquisador (cientista)	ผู้วิจัย	phôo wí-jai
babysitter (f)	พี่เลี้ยงเด็ก	phêe líang dèk
professor (m)	อาจารย์	aa-jaan
redator (m)	บรรณาธิการ	ban-naa-thí-gaan
redator-chefe (m)	หัวหน้าบรรณาธิการ	hŭa nâa ban-naa-thí-gaan
correspondente (m)	ผู้สื่อข่าว	phôo sèu khàao
datilógrafa (f)	พนักงานพิมพ์ดีด	phá-nák ngaan phim dèet
designer (m)	นักออกแบบ	nák òrk bàep
especialista (m) em informática	ผู้เชี่ยวชาญด้านคอมพิวเตอร์	pôo chîeow-chaan dâan khorm-piw-dtêr
programador (m)	นักเขียนโปรแกรม	nák khĭan bproh-graem
engenheiro (m)	วิศวกร	wít-sà-wá-gon
marujo (m)	กะลาสี	gà-laa-sĕe
marinheiro (m)	คนเรือ	khon reua
salvador (m)	นักกู้ภัย	nák gôo phai
bombeiro (m)	เจ้าหน้าที่ดับเพลิง	jâo nâa-thêe dàp phlerng
polícia (m)	เจ้าหน้าที่ตำรวจ	jâo nâa-thêe dtam-rùat

guarda-noturno (m)	คนยาม	khon yaam
detetive (m)	นักสืบ	nák sèup
funcionário (m) da alfândega	เจ้าหน้าที่ศุลกากร	jâo nâa-thêe sŭn-lá-gaa-gon
guarda-costas (m)	ผู้คุมกัน	phôo khúm gan
guarda (m) prisional	ผู้คุม	phôo khum
inspetor (m)	ผู้ตรวจการ	phôo dtrùat gaan
desportista (m)	นักกีฬา	nák gee-laa
treinador (m)	โค้ช	khóht
talhante (m)	คนขายเนื้อ	khon khăai néua
sapateiro (m)	คนซ่อมรองเท้า	khon sôrm rorng tháo
comerciante (m)	คนค้า	khon kháa
carregador (m)	คนงานยกของ	khon ngaan yók khŏrng
estilista (m)	นักออกแบบแฟชั่น	nák òrk bàep fae-chân
modelo (f)	นางแบบ	naang bàep

93. Ocupações. Estatuto social

aluno, escolar (m)	นักเรียน	nák rian
estudante (~ universitária)	นักศึกษา	nák sèuk-săa
filósofo (m)	นักปราชญ์	nák bpràat
economista (m)	นักเศรษฐศาสตร์	nák sàyt-thà-sàat
inventor (m)	นักประดิษฐ์	nák bprà-dìt
desempregado (m)	คนว่างงาน	khon wâang ngaan
reformado (m)	ผู้เกษียณอายุ	phôo gà-sĭan aa-yú
espião (m)	สายลับ	săai láp
preso (m)	นักโทษ	nák thôht
grevista (m)	คนนัดหยุดงาน	kon nát yùt ngaan
burocrata (m)	อำมาตย์	am-màat
viajante (m)	นักเดินทาง	nák dern-thaang
homossexual (m)	ผู้รักเพศเดียวกัน	phôo rák phâyt dieow gan
hacker (m)	แฮ็กเกอร์	háek-gêr
hippie	ฮิปปี้	híp-bpêe
bandido (m)	โจร	john
assassino (m) a soldo	นักฆ่า	nák khâa
toxicodependente (m)	ผู้ติดยาเสพติด	phôo dtìt yaa-sàyp-dtìt
traficante (m)	ผู้ค้ายาเสพติด	phôo kháa yaa-sàyp-dtìt
prostituta (f)	โสเภณี	sŏh-phay-nee
chulo (m)	แมงดา	maeng-daa
bruxo (m)	พ่อมด	phôr mót
bruxa (f)	แม่มด	mâe mót
pirata (m)	โจรสลัด	john sà-làt
escravo (m)	ทาส	thâat
samurai (m)	ซามูไร	saa-moo-rai
selvagem (m)	คนป่าเถื่อน	khon bpàa thèuan

Educação

94. Escola

escola (f)	โรงเรียน	rohng rian
diretor (m) de escola	อาจารย์ใหญ่	aa-jaan yài
aluno (m)	นักเรียน	nák rian
aluna (f)	นักเรียน	nák rian
escolar (m)	เด็กนักเรียนชาย	dèk nák rian chaai
escolar (f)	เด็กนักเรียนหญิง	dèk nák rian yǐng
ensinar (vt)	สอน	sŏrn
aprender (vt)	เรียน	rian
aprender de cor	ท่องจำ	thôrng jam
estudar (vi)	เรียน	rian
andar na escola	ไปโรงเรียน	bpai rohng rian
ir â escola	ไปโรงเรียน	bpai rohng rian
alfabeto (m)	ตัวอักษร	dtua àk-sŏn
disciplina (f)	วิชา	wí-chaa
sala (f) de aula	ห้องเรียน	hôrng rian
lição (f)	ชั่วโมงเรียน	chûa mohng rian
recreio (m)	ช่วงพัก	chûang phák
toque (m)	สัญญาณหมดเรียน	sǎn-yaan mòt rian
carteira (f)	โต๊ะนักเรียน	dtó nák rian
quadro (m) negro	กระดานดำ	grà-daan dam
nota (f)	เกรด	gràyt
boa nota (f)	เกรดดี	gràyt dee
nota (f) baixa	เกรดแย่	gràyt yâe
dar uma nota	ให้เกรด	hâi gràyt
erro (m)	ข้อผิดพลาด	khôr phìt phlâat
fazer erros	ทำผิดพลาด	tham phìt phlâat
corrigir (vt)	แก้ไข	gâe khǎi
cábula (f)	โพย	phoi
dever (m) de casa	การบ้าน	gaan bâan
exercício (m)	แบบฝึกหัด	bàep fèuk hàt
estar presente	มาเรียน	maa rian
estar ausente	ขาด	khàat
faltar âs aulas	ขาดเรียน	khàat rian
punir (vt)	ลงโทษ	long thôht
punição (f)	การลงโทษ	gaan long thôht
comportamento (m)	ความประพฤติ	khwaam bprà-préut

boletim (m) escolar	สมุดพก	sà-mùt phók
lápis (m)	ดินสอ	din-sǒr
borracha (f)	ยางลบ	yaang lóp
giz (m)	ชอล์ค	chôrk
estojo (m)	กล่องดินสอ	glòrng din-sǒr
pasta (f) escolar	กระเป๋า	grà-bpǎo
caneta (f)	ปากกา	bpàak gaa
caderno (m)	สมุดจด	sà-mùt jòt
manual (m) escolar	หนังสือเรียน	nǎng-sěu rian
compasso (m)	วงเวียน	wong wian
traçar (vt)	ร่างภาพทางเทคนิค	râang phâap thaang thék-nìk
desenho (m) técnico	ภาพร่างทางเทคนิค	phâap-râang thaang thék-nìk
poesia (f)	กลอน	glorn
de cor	โดยท่องจำ	doi thôrng jam
aprender de cor	ท่องจำ	thôrng jam
férias (f pl)	เวลาปิดเทอม	way-laa bpìt therm
estar de férias	หยุดปิดเทอม	yùt bpìt therm
passar as férias	ใช้เวลาหยุดปิดเทอม	chái way-laa yùt bpìt therm
teste (m)	การทดสอบ	gaan thót sòrp
composição, redação (f)	ความเรียง	khwaam riang
ditado (m)	การเขียนตามคำบอก	gaan khǐan dtaam kam bòrk
exame (m)	การสอบ	gaan sòrp
fazer exame	สอบไล่	sòrp lâi
experiência (~ química)	การทดลอง	gaan thót lorng

95. Colégio. Universidade

academia (f)	โรงเรียน	rohng rian
universidade (f)	มหาวิทยาลัย	má-hǎa wít-thá-yaa-lai
faculdade (f)	คณะ	khá-ná
estudante (m)	นักศึกษา	nák sèuk-sǎa
estudante (f)	นักศึกษา	nák sèuk-sǎa
professor (m)	อาจารย์	aa-jaan
sala (f) de palestras	ห้องบรรยาย	hôrng ban-yaai
graduado (m)	บัณฑิต	ban-dìt
diploma (m)	อนุปริญญา	a-nú bpà-rin-yaa
tese (f)	ปริญญานิพนธ์	bpà-rin-yaa ní-phon
estudo (obra)	การวิจัย	gaan wí-jai
laboratório (m)	ห้องปฏิบัติการ	hôrng bpà-dtì-bàt gaan
palestra (f)	การบรรยาย	gaan ban-yaai
colega (m) de curso	เพื่อนร่วมชั้น	phêuan rûam chán
bolsa (f) de estudos	ทุน	thun
grau (m) académico	วุฒิการศึกษา	wút-thí gaan sèuk-sǎa

96. Ciências. Disciplinas

matemática (f)	คณิตศาสตร์	khá-nít sàat
álgebra (f)	พีชคณิต	phee-chá-khá-nít
geometria (f)	เรขาคณิต	ray-khǎa khá-nít
astronomia (f)	ดาราศาสตร์	daa-raa sàat
biologia (f)	ชีววิทยา	chee-wá-wít-thá-yaa
geografia (f)	ภูมิศาสตร์	phoo-mí-sàat
geologia (f)	ธรณีวิทยา	thor-rá-nee wít-thá-yaa
história (f)	ประวัติศาสตร์	bprà-wàt sàat
medicina (f)	แพทยศาสตร์	phâet-tha-ya-sàat
pedagogia (f)	ครุศาสตร์	khrú sàat
direito (m)	ธรรมศาสตร์	tham-ma -sàat
física (f)	ฟิสิกส์	fí-sìk
química (f)	เคมี	khay-mee
filosofia (f)	ปรัชญา	bpràt-yaa
psicologia (f)	จิตวิทยา	jìt-wít-thá-yaa

97. Sistema de escrita. Ortografia

gramática (f)	ไวยากรณ์	wai-yaa-gon
vocabulário (m)	คำศัพท์	kham sàp
fonética (f)	การออกเสียง	gaan òrk sǐang
substantivo (m)	นาม	naam
adjetivo (m)	คำคุณศัพท์	kham khun-ná-sàp
verbo (m)	กริยา	grì-yaa
advérbio (m)	คำวิเศษณ์	kham wí-sàyt
pronome (m)	คำสรรพนาม	kham sàp-phá-naam
interjeição (f)	คำอุทาน	kham u-thaan
preposição (f)	คำบุพบท	kham bùp-phá-bòt
raiz (f) da palavra	รากศัพท์	râak sàp
terminação (f)	คำลงท้าย	kham long tháai
prefixo (m)	คำนำหน้า	kham nam nâa
sílaba (f)	พยางค์	phá-yaang
sufixo (m)	คำเสริมท้าย	kham sěrm tháai
acento (m)	เครื่องหมายเน้น	khrêuang mǎai náyn
apóstrofo (m)	อะพอสทรอฟี	à-phor-sòt-ror-fee
ponto (m)	จุด	jùt
vírgula (f)	จุลภาค	jun-lá-phâak
ponto e vírgula (m)	อัฒภาค	àt-thá-phâak
dois pontos (m pl)	ทวิภาค	thá-wí phâak
reticências (f pl)	การละไว้	gaan lá wái
ponto (m) de interrogação	เครื่องหมายปรัศนี	khrêuang mǎai bpràt-nee
ponto (m) de exclamação	เครื่องหมายอัศเจรีย์	khrêuang mǎai àt-sà-jay-ree

Português	Tailandês	Pronúncia
aspas (f pl)	อัญประกาศ	an-yá-bprà-gàat
entre aspas	ในอัญประกาศ	nai an-yá-bprà-gàat
parênteses (m pl)	วงเล็บ	wong lép
entre parênteses	ในวงเล็บ	nai wong lép
hífen (m)	ยัติภังค์	yát-dtì-phang
travessão (m)	ขีดคั่น	khèet khân
espaço (m)	ช่องไฟ	chôrng fai
letra (f)	ตัวอักษร	dtua àk-sŏn
letra (f) maiúscula	อักษรตัวใหญ่	àk-sŏn dtua yài
vogal (f)	สระ	sà-ra
consoante (f)	พยัญชนะ	phá-yan-chá-ná
frase (f)	ประโยค	bprà-yòhk
sujeito (m)	ภาคประธาน	phâak bprà-thaan
predicado (m)	ภาคแสดง	phâak sà-daeng
linha (f)	บรรทัด	ban-thát
em uma nova linha	ที่บรรทัดใหม่	têe ban-thát mài
parágrafo (m)	วรรค	wák
palavra (f)	คำ	kham
grupo (m) de palavras	กลุ่มคำ	glùm kham
expressão (f)	วลี	wá-lee
sinónimo (m)	คำพ้องความหมาย	kham phóng khwaam măai
antónimo (m)	คำตรงกันข้าม	kham dtrorng gan khâam
regra (f)	กฎ	gòt
exceção (f)	ข้อยกเว้น	khôr yok-wâyn
correto	ถูก	thòok
conjugação (f)	คอนจูเกชัน	khorn joo gay chan
declinação (f)	การกระจายคำ	gaan grà-jaai kham
caso (m)	การก	gaa-rók
pergunta (f)	คำถาม	kham thăam
sublinhar (vt)	ขีดเส้นใต้	khèet sên dtâi
linha (f) pontilhada	เส้นประ	sên bprà

98. Línguas estrangeiras

Português	Tailandês	Pronúncia
língua (f)	ภาษา	phaa-săa
estrangeiro	ต่างชาติ	dtàang châat
língua (f) estrangeira	ภาษาต่างชาติ	phaa-săa dtàang châat
estudar (vt)	เรียน	rian
aprender (vt)	เรียน	rian
ler (vt)	อ่าน	àan
falar (vi)	พูด	phôot
compreender (vt)	เข้าใจ	khâo jai
escrever (vt)	เขียน	khĭan
rapidamente	รวดเร็ว	rûat reo
devagar	อย่างช้า	yàang cháa

fluentemente	อย่างคล่อง	yàang khlôrng
regras (f pl)	กฎ	gòt
gramática (f)	ไวยากรณ์	wai-yaa-gon
vocabulário (m)	คำศัพท์	kham sàp
fonética (f)	การออกเสียง	gaan òrk sĭang
manual (m) escolar	หนังสือเรียน	năng-sĕu rian
dicionário (m)	พจนานุกรม	phót-jà-naa-nú-grom
manual (m) de autoaprendizagem	หนังสือแบบเรียนด้วยตนเอง	năng-sĕu bàep rian dûay dton ayng
guia (m) de conversação	เฟรสบุก	frayt bùk
cassete (f)	เทปคาสเซ็ตต์	thâyp khaas-sét
vídeo cassete (m)	วิดีโอ	wí-dee-oh
CD (m)	CD	see-dee
DVD (m)	DVD	dee-wee-dee
alfabeto (m)	ตัวอักษร	dtua àk-sŏn
soletrar (vt)	สะกด	sà-gòt
pronúncia (f)	การออกเสียง	gaan òrk sĭang
sotaque (m)	สำเนียง	săm-niang
com sotaque	มีสำเนียง	mee săm-niang
sem sotaque	ไม่มีสำเนียง	mâi mee săm-niang
palavra (f)	คำ	kham
sentido (m)	ความหมาย	khwaam măai
cursos (m pl)	หลักสูตร	làk sòot
inscrever-se (vr)	สมัคร	sà-màk
professor (m)	อาจารย์	aa-jaan
tradução (processo)	การแปล	gaan bplae
tradução (texto)	คำแปล	kham bplae
tradutor (m)	นักแปล	nák bplae
intérprete (m)	ล่าม	lâam
poliglota (m)	ผู้รู้หลายภาษา	phôo róo lăai paa-săa
memória (f)	ความทรงจำ	khwaam song jam

Descanso. Entretenimento. Viagens

99. Viagens

turismo (m)	การท่องเที่ยว	gaan thôrng thîeow
turista (m)	นักท่องเที่ยว	nák thôrng thîeow
viagem (f)	การเดินทาง	gaan dern thaang
aventura (f)	การผจญภัย	gaan phà-jon phai
viagem (f)	การเดินทาง	gaan dern thaang
férias (f pl)	วันหยุดพักผ่อน	wan yùt phák phòrn
estar de férias	หยุดพักผ่อน	yùt phák phòrn
descanso (m)	การพัก	gaan phák
comboio (m)	รถไฟ	rót fai
de comboio (chegar ~)	โดยรถไฟ	doi rót fai
avião (m)	เครื่องบิน	khrêuang bin
de avião	โดยเครื่องบิน	doi khrêuang bin
de carro	โดยรถยนต์	doi rót-yon
de navio	โดยเรือ	doi reua
bagagem (f)	สัมภาระ	sǎm-phaa-rá
mala (f)	กระเป๋าเดินทาง	grà-bpǎo dern-thaang
carrinho (m)	รถขนสัมภาระ	rót khǒn sǎm-phaa-rá
passaporte (m)	หนังสือเดินทาง	nǎng-sěu dern-thaang
visto (m)	วีซ่า	wee-sâa
bilhete (m)	ตั๋ว	dtǔa
bilhete (m) de avião	ตั๋วเครื่องบิน	dtǔa khrêuang bin
guia (m) de viagem	หนังสือแนะนำ	nǎng-sěu náe nam
mapa (m)	แผนที่	phǎen thêe
local (m), area (f)	เขต	khàyt
lugar, sítio (m)	สถานที่	sà-thǎan thêe
exotismo (m)	สิ่งแปลกใหม่	sìng bplàek mài
exótico	ต่างแดน	dtàang daen
surpreendente	น่าประหลาดใจ	nâa bprà-làat jai
grupo (m)	กลุ่ม	glùm
excursão (f)	การเดินทางท่องเที่ยว	gaan dern taang thôrng thîeow
guia (m)	มัคคุเทศก์	mák-khú-thâyt

100. Hotel

hotel (m)	โรงแรม	rohng raem
motel (m)	โรงแรม	rohng raem

três estrelas	สามดาว	sǎam daao
cinco estrelas	ห้าดาว	hâa daao
ficar (~ num hotel)	พัก	phák

quarto (m)	ห้อง	hôrng
quarto (m) individual	ห้องเดี่ยว	hôrng dìeow
quarto (m) duplo	ห้องคู่	hôrng khôo
reservar um quarto	จองห้อง	jorng hôrng

meia pensão (f)	พักครึ่งวัน	phák khrêung wan
pensão (f) completa	พักเต็มวัน	phák dtem wan

com banheira	มีห้องอาบน้ำ	mee hôrng àap náam
com duche	มีฝักบัว	mee fàk bua
televisão (m) satélite	โทรทัศน์ดาวเทียม	thoh-rá-thát daao thiam
ar (m) condicionado	เครื่องปรับอากาศ	khrêuang bpràp-aa-gàat
toalha (f)	ผ้าเช็ดตัว	phâa chét dtua
chave (f)	กุญแจ	gun-jae

administrador (m)	นักบริหาร	nák bor-rí-hǎan
camareira (f)	แม่บ้าน	mâe bâan
bagageiro (m)	พนักงานขนกระเป๋า	phá-nák ngaan khǒn grà-bpǎo
porteiro (m)	พนักงานเปิดประตู	phá-nák ngaan bpèrt bprà-dtoo

restaurante (m)	ร้านอาหาร	ráan aa-hǎan
bar (m)	บาร์	baa
pequeno-almoço (m)	อาหารเช้า	aa-hǎan cháo
jantar (m)	อาหารเย็น	aa-hǎan yen
buffet (m)	บุฟเฟต์	bùf-fây

hall (m) de entrada	ล็อบบี้	lórp-bêe
elevador (m)	ลิฟต์	líf

NÃO PERTURBE	ห้ามรบกวน	hâam róp guan
PROIBIDO FUMAR!	ห้ามสูบบุหรี่	hâam sòop bù rèe

EQUIPAMENTO TÉCNICO. TRANSPORTES

Equipamento técnico. Transportes

101. Computador

computador (m)	คอมพิวเตอร์	khorm-phiw-dtêr
portátil (m)	โน้ตบุ๊ค	nóht búk
ligar (vt)	เปิด	bpèrt
desligar (vt)	ปิด	bpìt
teclado (m)	แป้นพิมพ์	bpâen phim
tecla (f)	ปุ่ม	bpùm
rato (m)	เมาส์	mao
tapete (m) de rato	แผ่นรองเมาส์	phàen rorng mao
botão (m)	ปุ่ม	bpùm
cursor (m)	เคอร์เซอร์	khêr-sêr
monitor (m)	จอมอนิเตอร์	jor mor-ní-dtêr
ecrã (m)	หน้าจอ	nâa jor
disco (m) rígido	ฮาร์ดดิสก์	hâat-dìt
capacidade (f) do disco rígido	ความจุฮาร์ดดิสก์	kwaam jù hâat-dìt
memória (f)	หน่วยความจำ	nùay khwaam jam
memória (f) operativa	หน่วยความจำเข้าถึงโดยสุ่ม	nùay khwaam jam khâo thěung doi sùm
ficheiro (m)	ไฟล์	fai
pasta (f)	โฟลเดอร์	fohl-dêr
abrir (vt)	เปิด	bpèrt
fechar (vt)	ปิด	bpìt
guardar (vt)	บันทึก	ban-théuk
apagar, eliminar (vt)	ลบ	lóp
copiar (vt)	คัดลอก	khát lôrk
ordenar (vt)	จัดเรียง	jàt riang
copiar (vt)	ทำสำเนา	tham sǎm-nao
programa (m)	โปรแกรม	bproh-graem
software (m)	ซอฟต์แวร์	sôf-wae
programador (m)	นักเขียนโปรแกรม	nák khǐan bproh-graem
programar (vt)	เขียนโปรแกรม	khǐan bproh-graem
hacker (m)	แฮ็กเกอร์	háek-gêr
senha (f)	รหัสผ่าน	rá-hàt phàan
vírus (m)	ไวรัส	wai-rát
detetar (vt)	ตรวจพบ	dtrùat phóp

byte (m)	ไบท์	bai
megabyte (m)	เมกะไบท์	may-gà-bai
dados (m pl)	ข้อมูล	khôr moon
base (f) de dados	ฐานข้อมูล	thăan khôr moon
cabo (m)	สายเคเบิล	săai khay-bêrn
desconectar (vt)	ตัดการเชื่อมต่อ	dtàt gaan chêuam dtòr
conetar (vt)	เชื่อมต่อ	chêuam dtòr

102. Internet. E-mail

internet (f)	อินเทอร์เน็ต	in-thêr-nét
browser (m)	เบราว์เซอร์	brao-sêr
motor (m) de busca	โปรแกรมค้นหา	bproh-graem khón hăa
provedor (m)	ผู้ให้บริการ	phôo hâi bor-rí-gaan
webmaster (m)	เว็บมาสเตอร์	wép-mâat-dtêr
website, sítio web (m)	เว็บไซต์	wép sai
página (f) web	เว็บเพจ	wép phâyt
endereço (m)	ที่อยู่	thêe yòo
livro (m) de endereços	สมุดที่อยู่	sà-mùt thêe yòo
caixa (f) de correio	กล่องจดหมายอีเมลล์	glòrng jòt măai ee-mayn
correio (m)	จดหมาย	jòt măai
cheia (caixa de correio)	เต็ม	dtem
mensagem (f)	ข้อความ	khôr khwaam
mensagens (f pl) recebidas	ข้อความขาเข้า	khôr khwaam khăa khâo
mensagens (f pl) enviadas	ข้อความขาออก	khôr khwaam khăa òrk
remetente (m)	ผู้ส่ง	phôo sòng
enviar (vt)	ส่ง	sòng
envio (m)	การส่ง	gaan sòng
destinatário (m)	ผู้รับ	phôo ráp
receber (vt)	รับ	ráp
correspondência (f)	การติดต่อกันทางจดหมาย	gaan dtìt dtòr gan thaang jòt măai
corresponder-se (vr)	ติดต่อกันทางจดหมาย	dtìt dtòr gan thaang jòt măai
ficheiro (m)	ไฟล์	fai
fazer download, baixar	ดาวน์โหลด	daao lòht
criar (vt)	สร้าง	sâang
apagar, eliminar (vt)	ลบ	lóp
eliminado	ถูกลบ	thòok lóp
ligação (f)	การเชื่อมต่อ	gaan chêuam dtòr
velocidade (f)	ความเร็ว	khwaam reo
modem (m)	โมเด็ม	moh-dem
acesso (m)	การเข้าถึง	gaan khâo thĕung
porta (f)	พอร์ท	phôt

conexão (f)	การเชื่อมต่อ	gaan chêuam dtòr
conetar (vi)	เชื่อมต่อกับ...	chêuam dtòr gàp...
escolher (vt)	เลือก	lêuak
buscar (vt)	ค้นหา	khón hǎa

103. Eletricidade

eletricidade (f)	ไฟฟ้า	fai fáa
elétrico	ทางไฟฟ้า	thaang fai-fáa
central (f) elétrica	โรงไฟฟ้า	rohng fai-fáa
energia (f)	พลังงาน	phá-lang ngaan
energia (f) elétrica	กำลังไฟฟ้า	gam-lang fai-fáa
lâmpada (f)	หลอดไฟฟ้า	lòrt fai fáa
lanterna (f)	ไฟฉาย	fai chǎai
poste (m) de iluminação	เสาไฟถนน	sǎo fai thà-nǒn
luz (f)	ไฟ	fai
ligar (vt)	เปิด	bpèrt
desligar (vt)	ปิด	bpìt
apagar a luz	ปิดไฟ	bpìt fai
fundir (vi)	ขาด	khàat
curto-circuito (m)	การลัดวงจร	gaan lát wong-jon
rutura (f)	สายขาด	sǎai khàat
contacto (m)	สายต่อกัน	sǎai dtòr gan
interruptor (m)	สวิตช์ไฟ	sà-wít fai
tomada (f)	เต้าเสียบปลั๊กไฟ	dtâo sìap bplák fai
ficha (f)	ปลั๊กไฟ	bplák fai
extensão (f)	สายพ่วงไฟ	sǎai phûang fai
fusível (m)	ฟิวส์	fiw
fio, cabo (m)	สายไฟ	sǎai fai
instalação (f) elétrica	การเดินสายไฟ	gaan dern sǎai fai
ampere (m)	แอมแปร์	aem-bpae
amperagem (f)	กำลังไฟฟ้า	gam-lang fai-fáa
volt (m)	โวลต์	wohn
voltagem (f)	แรงดันไฟฟ้า	raeng dan fai fáa
aparelho (m) elétrico	เครื่องใช้ไฟฟ้า	khrêuang chái fai fáa
indicador (m)	ตัวระบุ	dtua rá-bù
eletricista (m)	ช่างไฟฟ้า	châang fai-fáa
soldar (vt)	บัดกรี	bàt-gree
ferro (m) de soldar	หัวแร้งบัดกรี	hǔa ráeng bàt-gree
corrente (f) elétrica	กระแสไฟฟ้า	grà-sǎe fai fáa

104. Ferramentas

ferramenta (f)	เครื่องมือ	khrêuang meu
ferramentas (f pl)	เครื่องมือ	khrêuang meu

equipamento (m)	อุปกรณ์	ù-bpà-gon
martelo (m)	ค้อน	khórn
chave (f) de fendas	ไขควง	khǎi khuang
machado (m)	ขวาน	khwǎan
serra (f)	เลื่อย	lêuay
serrar (vt)	เลื่อย	lêuay
plaina (f)	กบไสไม้	gòp sǎi máai
aplainar (vt)	ไสกบ	sǎi gòp
ferro (m) de soldar	หัวแรงบัดกรี	hǔa ráeng bàt-gree
soldar (vt)	บัดกรี	bàt-gree
lima (f)	ตะไบ	dtà-bai
tenaz (f)	คีม	kheem
alicate (m)	คีมปอกสายไฟ	kheem bpòk sǎai fai
formão (m)	สิ่ว	sìw
broca (f)	หัวสว่าน	hǔa sà-wàan
berbequim (f)	สว่านไฟฟ้า	sà-wàan fai fáa
furar (vt)	เจาะ	jòr
faca (f)	มีด	mêet
canivete (m)	มีดพก	mêet phók
lâmina (f)	ใบ	bai
afiado	คม	khom
cego	ทื่อ	thêu
embotar-se (vr)	ทำให้...ทื่อ	tham hâi...thêu
afiar, amolar (vt)	ลับคม	láp khom
parafuso (m)	สลักเกลียว	sà-làk glieow
porca (f)	แหวนสกรู	wǎen sà-groo
rosca (f)	เกลียว	glieow
parafuso (m) para madeira	สกรู	sà-groo
prego (m)	ตะปู	dtà-bpoo
cabeça (f) do prego	หัวตะปู	hǔa dtà-bpoo
régua (f)	ไม้บรรทัด	máai ban-thát
fita (f) métrica	เทปวัดระยะทาง	thâyp wát rá-yá taang
nível (m)	เครื่องวัดระดับน้ำ	khrêuang wát rá-dàp náam
lupa (f)	แว่นขยาย	wâen khà-yǎai
medidor (m)	เครื่องมือวัด	khrêuang meu wát
medir (vt)	วัด	wát
escala (f)	อัตรา	àt-dtraa
leitura (f)	คามิเตอร์	khâa mí-dtêr
compressor (m)	เครื่องอัดอากาศ	khrêuang àt aa-gàat
microscópio (m)	กลองจุลทัศน์	glôrng jun-la -thát
bomba (f)	ปั๊ม	bpám
robô (m)	หุ่นยนต์	hùn yon
laser (m)	เลเซอร์	lay-sêr
chave (f) de boca	ประแจ	bpràe-jae
fita (f) adesiva	เทปกาว	thâyp gaao

cola (f)	กาว	gaao
lixa (f)	กระดาษทราย	grà-dàat saai
mola (f)	สปริง	sà-bpring
íman (m)	แม่เหล็ก	mâe lèk
luvas (f pl)	ถุงมือ	thŭng meu
corda (f)	เชือก	chêuak
cordel (m)	สาย	săai
fio (m)	สายไฟ	săai fai
cabo (m)	สายเคเบิล	săai khay-bêrn
marreta (f)	ค้อนขนาดใหญ่	khón khà-nàat yài
pé de cabra (f)	ชะแลง	chá-laeng
escada (f) de mão	บันได	ban-dai
escadote (m)	กระได	grà-dai
enroscar (vt)	ขันเกลียวเข้า	khăn glieow khâo
desenroscar (vt)	ขันเกลียวออก	khăn glieow òk
apertar (vt)	ขันให้แน่น	khăn hâi náen
colar (vt)	ติดกาว	dtìt gaao
cortar (vt)	ตัด	dtàt
falha (mau funcionamento)	ความผิดพลาด	khwaam phìt phlâat
conserto (m)	การซ่อมแซม	gaan sôrm saem
consertar, reparar (vt)	ซ่อม	sôrm
regular, ajustar (vt)	ปรับ	bpràp
verificar (vt)	ตรวจ	dtrùat
verificação (f)	การตรวจ	gaan dtrùat
leitura (f)	คามิเตอร์	khâa mí-dtêr
seguro	ไว้วางใจได้	wái waang jai dâai
complicado	ซับซ้อน	sáp són
enferrujar (vi)	ขึ้นสนิม	khêun sà-nĭm
enferrujado	เป็นสนิม	bpen sà-nĭm
ferrugem (f)	สนิม	sà-nĭm

Transportes

105. Avião

avião (m)	เครื่องบิน	khrêuang bin
bilhete (m) de avião	ตั๋วเครื่องบิน	dtŭa khrêuang bin
companhia (f) aérea	สายการบิน	săai gaan bin
aeroporto (m)	สนามบิน	sà-năam bin
supersónico	ความเร็วเหนือเสียง	khwaam reo nĕua-sĭang
comandante (m) do avião	กัปตัน	gàp dtan
tripulação (f)	ลูกเรือ	lôok reua
piloto (m)	นักบิน	nák bin
hospedeira (f) de bordo	พนักงานต้อนรับบนเครื่องบิน	phá-nák ngaan dtôrn ráp bon khrêuang bin
copiloto (m)	ต้นหน	dtôn hŏn
asas (f pl)	ปีก	bpèek
cauda (f)	หาง	hăang
cabine (f) de pilotagem	ห้องนักบิน	hôrng nák bin
motor (m)	เครื่องยนต์	khrêuang yon
trem (m) de aterragem	โครงสวนล่างของเครื่องบิน	khrorng sùan lâang khŏrng khrêuang bin
turbina (f)	กังหัน	gang-hăn
hélice (f)	ใบพัด	bai phát
caixa-preta (f)	กล่องดำ	glòrng dam
coluna (f) de controlo	คันบังคับ	khan bang-kháp
combustível (m)	เชื้อเพลิง	chéua phlerng
instruções (f pl) de segurança	คู่มือความปลอดภัย	khôo meu khwaam bplòt phai
máscara (f) de oxigénio	หน้ากากอ็อกซิเจน	nâa gàak ók sí jayn
uniforme (m)	เครื่องแบบ	khrêuang bàep
colete (m) salva-vidas	เสื้อชูชีพ	sêua choo chêep
paraquedas (m)	ร่มชูชีพ	rôm choo chêep
descolagem (f)	การบินขึ้น	gaan bin khêun
descolar (vi)	บินขึ้น	bin khêun
pista (f) de descolagem	ทางวิ่งเครื่องบิน	thaang wîng khrêuang bin
visibilidade (f)	ทัศนวิสัย	thát sá ná wí-săi
voo (m)	การบิน	gaan bin
altura (f)	ความสูง	khwaam sŏong
poço (m) de ar	หลุมอากาศ	lŭm aa-gàat
assento (m)	ที่นั่ง	thêe nâng
auscultadores (m pl)	หูฟัง	hŏo fang
mesa (f) rebatível	ถาดพับเก็บได้	thàat pháp gèp dâai
vigia (f)	หน้าต่างเครื่องบิน	nâa dtàang khrêuang bin
passagem (f)	ทางเดิน	thaang dern

106. Comboio

comboio (m)	รถไฟ	rót fai
comboio (m) suburbano	รถไฟชานเมือง	rót fai chaan meuang
comboio (m) rápido	รถไฟด่วน	rót fai dùan
locomotiva (f) diesel	รถจักรดีเซล	rót jàk dee-sayn
comboio (m) a vapor	รถจักรไอน้ำ	rót jàk ai náam
carruagem (f)	ตู้โดยสาร	dtôo doi săan
carruagem restaurante (f)	ตู้เสบียง	dtôo sà-biang
carris (m pl)	รางรถไฟ	raang rót fai
caminho de ferro (m)	ทางรถไฟ	thaang rót fai
travessa (f)	หมอนรองราง	mŏrn rorng raang
plataforma (f)	ชานชลา	chaan-chá-laa
linha (f)	ราง	raang
semáforo (m)	ไฟสัญญาณรถไฟ	fai săn-yaan rót fai
estação (f)	สถานี	sà-thăa-nee
maquinista (m)	คนขับรถไฟ	khon khàp rót fai
bagageiro (m)	พนักงานยกกระเป๋า	phá-nák ngaan yók grà-bpăo
hospedeiro, -a (da carruagem)	พนักงานรถไฟ	phá-nák ngaan rót fai
passageiro (m)	ผู้โดยสาร	phôo doi săan
revisor (m)	พนักงานตรวจตั๋ว	phá-nák ngaan dtrùat dtŭa
corredor (m)	ทางเดิน	thaang dern
freio (m) de emergência	เบรคฉุกเฉิน	bràyk chùk-chĕrn
compartimento (m)	ตู้นอน	dtôo norn
cama (f)	เตียง	dtiang
cama (f) de cima	เตียงบน	dtiang bon
cama (f) de baixo	เตียงล่าง	dtiang lâang
roupa (f) de cama	ชุดเครื่องนอน	chút khrêuang norn
bilhete (m)	ตั๋ว	dtŭa
horário (m)	ตารางเวลา	dtaa-raang way-laa
painel (m) de informação	กระดานแสดงข้อมูล	grà daan sà-daeng khôr moon
partir (vt)	ออกเดินทาง	òrk dern thaang
partida (f)	การออกเดินทาง	gaan òrk dern thaang
chegar (vi)	มาถึง	maa thĕung
chegada (f)	การมาถึง	gaan maa thĕung
chegar de comboio	มาถึงโดยรถไฟ	maa thĕung doi rót fai
apanhar o comboio	ขึ้นรถไฟ	khêun rót fai
sair do comboio	ลงจากรถไฟ	long jàak rót fai
acidente (m) ferroviário	รถไฟตกราง	rót fai dtòk raang
descarrilar (vi)	ตกราง	dtòk raang
comboio (m) a vapor	หัวรถจักรไอน้ำ	hŭa rót jàk ai náam
fogueiro (m)	คนควบคุมเตาไฟ	khon khûap khum dtao fai

| fornalha (f) | เตาไฟ | dtao fai |
| carvão (m) | ถ่านหิน | thàan hǐn |

107. Barco

| navio (m) | เรือ | reua |
| embarcação (f) | เรือ | reua |

vapor (m)	เรือจักรไอน้ำ	reua jàk ai náam
navio (m)	เรือล่องแม่น้ำ	reua lông mâe náam
transatlântico (m)	เรือเดินสมุทร	reua dern sà-mùt
cruzador (m)	เรือลาดตระเวน	reua lâat dtrà-wayn

iate (m)	เรือยอชต์	reua yôt
rebocador (m)	เรือลากจูง	reua lâak joong
barcaça (f)	เรือบรรทุก	reua ban-thúk
ferry (m)	เรือข้ามฟาก	reua khâam fâak

| veleiro (m) | เรือใบ | reua bai |
| bergantim (m) | เรือใบสองเสากระโดง | reua bai sǒrng sǎo grà-dohng |

| quebra-gelo (m) | เรือตัดน้ำแข็ง | reua dtàt náam khǎeng |
| submarino (m) | เรือดำน้ำ | reua dam náam |

bote, barco (m)	เรือพาย	reua phaai
bote, dingue (m)	เรือบดเล็ก	reua bòt lék
bote (m) salva-vidas	เรือชูชีพ	reua choo chêep
lancha (f)	เรือยนต์	reua yon

capitão (m)	กัปตัน	gàp dtan
marinheiro (m)	นาวิน	naa-win
marujo (m)	คนเรือ	khon reua
tripulação (f)	กะลาสี	gà-laa-sěe

contramestre (m)	สรั่ง	sà-ràng
grumete (m)	คนช่วยงานในเรือ	khon chûay ngaan nai reua
cozinheiro (m) de bordo	กุ๊ก	gúk
médico (m) de bordo	แพทย์เรือ	phâet reua

convés (m)	ดาดฟ้าเรือ	dàat-fáa reua
mastro (m)	เสากระโดงเรือ	sǎo grà-dohng reua
vela (f)	ใบเรือ	bai reua

porão (m)	ท้องเรือ	thórng-reua
proa (f)	หัวเรือ	hǔa-reua
popa (f)	ท้ายเรือ	tháai reua
remo (m)	ไม้พาย	máai phaai
hélice (f)	ใบจักร	bai jàk

camarote (m)	ห้องพัก	hôrng phák
sala (f) dos oficiais	ห้องอาหาร	hôrng aa-hǎan
sala (f) das máquinas	ห้องเครื่องยนต์	hôrng khrêuang yon
ponte (m) de comando	สะพานเดินเรือ	sà-phaan dern reua
sala (f) de comunicações	ห้องวิทยุ	hôrng wít-thá-yú

onda (f) de rádio	คลื่นความถี่	khlêun khwaam thèe
diário (m) de bordo	สมุดบันทึก	sà-mùt ban-théuk
luneta (f)	กล้องส่องทางไกล	glôrng sòrng thaang glai
sino (m)	ระฆัง	rá-khang
bandeira (f)	ธง	thorng
cabo (m)	เชือก	chêuak
nó (m)	ปม	bpom
corrimão (m)	ราว	raao
prancha (f) de embarque	ไม้พาดให้ขึ้นลงเรือ	mái phâat hâi khêun long reua
âncora (f)	สมอ	sà-mǒr
recolher a âncora	ถอนสมอ	thǒrn sà-mǒr
lançar a âncora	ทอดสมอ	thôrt sà-mǒr
amarra (f)	โซ่สมอเรือ	sôh sà-mǒr reua
porto (m)	ท่าเรือ	thâa reua
cais, amarradouro (m)	ท่า	thâa
atracar (vi)	จอดเทียบท่า	jòt thîap tâa
desatracar (vi)	ออกจากท่า	òrk jàak tâa
viagem (f)	การเดินทาง	gaan dern thaang
cruzeiro (m)	การล่องเรือ	gaan lôrng reua
rumo (m), rota (f)	เส้นทาง	sên thaang
itinerário (m)	เส้นทาง	sên thaang
canal (m) navegável	ร่องเรือเดิน	rông reua dern
baixio (m)	โขด	khòht
encalhar (vi)	เกยตื้น	goie dtêun
tempestade (f)	พายุ	phaa-yú
sinal (m)	สัญญาณ	sǎn-yaan
afundar-se (vr)	ลม	lôm
Homem ao mar!	คนตกเรือ!	kon dtòk reua
SOS	SOS	es-o-es
boia (f) salva-vidas	ห่วงยาง	hùang yaang

108. Aeroporto

aeroporto (m)	สนามบิน	sà-nǎam bin
avião (m)	เครื่องบิน	khrêuang bin
companhia (f) aérea	สายการบิน	sǎai gaan bin
controlador (m) de tráfego aéreo	เจ้าหน้าที่ควบคุมจราจรทางอากาศ	jâo nâa-thêe khûap khum jà-raa-jon thaang aa-gàat
partida (f)	การออกเดินทาง	gaan òrk dern thaang
chegada (f)	การมาถึง	gaan maa thěung
chegar (~ de avião)	มาถึง	maa thěung
hora (f) de partida	เวลาขาไป	way-laa khǎa bpai
hora (f) de chegada	เวลามาถึง	way-laa maa thěung

estar atrasado	ถูกเลื่อน	thòok lêuan
atraso (m) de voo	เลื่อนเที่ยวบิน	lêuan thieow bin
painel (m) de informação	กระดานแสดงข้อมูล	grà daan sà-daeng khôr moon
informação (f)	ข้อมูล	khôr moon
anunciar (vt)	ประกาศ	bprà-gàat
voo (m)	เที่ยวบิน	thîeow bin
alfândega (f)	ศุลกากร	sǔn-lá-gaa-gon
funcionário (m) da alfândega	เจ้าหน้าที่ศุลกากร	jâo nâa-thêe sǔn-lá-gaa-gon
declaração (f) alfandegária	แบบฟอร์มการเสียภาษีศุลกากร	bàep form gaan sǐa phaa-sěe sǔn-lá-gaa-gon
preencher (vt)	กรอก	gròrk
preencher a declaração	กรอกแบบฟอร์มการเสียภาษี	gròrk bàep form gaan sǐa paa-sěe
controlo (m) de passaportes	จุดตรวจหนังสือเดินทาง	jùt dtrùat nǎng-sěu dern-thaang
bagagem (f)	สัมภาระ	sǎm-phaa-rá
bagagem (f) de mão	กระเป๋าถือ	grà-bpǎo thěu
carrinho (m)	รถขนสัมภาระ	rót khǒn sǎm-phaa-rá
aterragem (f)	การลงจอด	gaan long jòrt
pista (f) de aterragem	ลานบินลงจอด	laan bin long jòrt
aterrar (vi)	ลงจอด	long jòrt
escada (f) de avião	ทางขึ้นลงเครื่องบิน	thaang khêun long khrêuang bin
check-in (m)	การเช็คอิน	gaan chék in
balcão (m) do check-in	เคาน์เตอร์เช็คอิน	khao-dtêr chék in
fazer o check-in	เช็คอิน	chék in
cartão (m) de embarque	บัตรที่นั่ง	bàt thêe nâng
porta (f) de embarque	ช่องเขา	chôrng khảo
trânsito (m)	การต่อเที่ยวบิน	gaan tòr thîeow bin
esperar (vi, vt)	รอ	ror
sala (f) de espera	ห้องผู้โดยสารขาออก	hôrng phôo doi sǎan khǎa òk
despedir-se de ...	ไปส่ง	bpai sòng
despedir-se (vr)	บอกลา	bòrk laa

Eventos

109. Férias. Evento

festa (f)	วันหยุดเฉลิมฉลอง	wan yùt chà-lěrm chà-lŏng
festa (f) nacional	วันชาติ	wan châat
feriado (m)	วันหยุดนักขัตฤกษ์	wan yùt nák-kàt-rêrk
festejar (vt)	เฉลิมฉลอง	chà-lěrm chà-lŏrng
evento (festa, etc.)	เหตุการณ์	hàyt gaan
evento (banquete, etc.)	งานอีเว้นต์	ngaan ee wayn
banquete (m)	งานเลี้ยง	ngaan líang
receção (f)	งานเลี้ยง	ngaan líang
festim (m)	งานฉลอง	ngaan chà-lŏrng
aniversário (m)	วันครบรอบ	wan khróp rôrp
jubileu (m)	วันครบรอบปี	wan khróp rôrp bpee
celebrar (vt)	ฉลอง	chà-lŏrng
Ano (m) Novo	ปีใหม่	bpee mài
Feliz Ano Novo!	สวัสดีปีใหม่!	sà-wàt-dee bpee mài
Pai (m) Natal	ซานตาคลอส	saan-dtaa-khlôrt
Natal (m)	คริสต์มาส	khrít-mâat
Feliz Natal!	สุขสันต์วันคริสต์มาส	sùk-săn wan khrít-mâat
árvore (f) de Natal	ตนคริสต์มาส	dtôn khrít-mâat
fogo (m) de artifício	ดอกไม้ไฟ	dòrk máai fai
boda (f)	งานแต่งงาน	ngaan dtàeng ngaan
noivo (m)	เจ้าบาว	jâo bàao
noiva (f)	เจ้าสาว	jâo săao
convidar (vt)	เชิญ	chern
convite (m)	บัตรเชิญ	bàt chern
convidado (m)	แขก	khàek
visitar (vt)	ไปเยี่ยม	bpai yîam
receber os hóspedes	ตอนรับแขก	dton ráp khàek
presente (m)	ของขวัญ	khŏrng khwăn
oferecer (vt)	ให้	hâi
receber presentes	รับของขวัญ	ráp khŏrng khwăn
ramo (m) de flores	ช่อดอกไม้	chôr dòrk máai
felicitações (f pl)	คำแสดงความยินดี	kham sà-daeng khwaam yin-dee
felicitar (dar os parabéns)	แสดงความยินดี	sà-daeng khwaam yin dee
cartão (m) de parabéns	บัตรอวยพร	bàt uay phon
enviar um postal	ส่งโปสการ์ด	sòng bpòht-gàat

receber um postal	รับโปสการ์ด	ráp bpòht-gàat
brinde (m)	ดื่มอวยพร	dèum uay phon
oferecer (vt)	เลี้ยงเครื่องดื่ม	líang khrêuang dèum
champanhe (m)	แชมเปญ	chaem-bpayn
divertir-se (vr)	มีความสุข	mee khwaam sùk
diversão (f)	ความรื่นเริง	khwaam rêun-rerng
alegria (f)	ความสุขสันต์	khwaam sùk-sǎn
dança (f)	การเต้น	gaan dtên
dançar (vi)	เต้น	dtên
valsa (f)	วอลทซ์	wɔːlts
tango (m)	แทงโก	thaeng-gôh

110. Funerais. Enterro

cemitério (m)	สุสาน	sù-sǎan
sepultura (f), túmulo (m)	หลุมศพ	lǔm sòp
cruz (f)	ไม้กางเขน	mái gaang khǎyn
lápide (f)	ป้ายหลุมศพ	bpâai lǔm sòp
cerca (f)	รั้ว	rúa
capela (f)	โรงสวด	rohng sùat
morte (f)	ความตาย	khwaam dtaai
morrer (vi)	ตาย	dtaai
defunto (m)	ผู้เสียชีวิต	phôo sǐa chee-wít
luto (m)	การไว้อาลัย	gaan wái aa-lai
enterrar, sepultar (vt)	ฝังศพ	fǎng sòp
agência (f) funerária	บริษัทรับจัดงานศพ	bor-rí-sàt ráp jàt ngaan sòp
funeral (m)	งานศพ	ngaan sòp
coroa (f) de flores	พวงหรีด	phuang rèet
caixão (m)	โลงศพ	lohng sòp
carro (m) funerário	รถขนศพ	rót khǒn sòp
mortalha (f)	ผ้าห่อศพ	phâa hòr sòp
procissão (f) funerária	พิธีศพ	phí-tee sòp
urna (f) funerária	โกศ	gòht
crematório (m)	เมรุ	mayn
obituário (m), necrologia (f)	ข่าวมรณกรรม	khàao mor-rá-ná-gam
chorar (vi)	ร้องไห้	rórng hâi
soluçar (vi)	สะอื้น	sà-êun

111. Guerra. Soldados

pelotão (m)	หมวด	mùat
companhia (f)	กองร้อย	gorng rói
regimento (m)	กรม	grom
exército (m)	กองทัพ	gorng tháp

divisão (f)	กองพล	gorng phon-la
destacamento (m)	หมู่	mòo
hoste (f)	กองทัพ	gorng tháp
soldado (m)	ทหาร	thá-hăan
oficial (m)	นายทหาร	naai thá-hăan
soldado (m) raso	พลทหาร	phon-thá-hăan
sargento (m)	สิบเอก	sìp àyk
tenente (m)	ร้อยโท	rói thoh
capitão (m)	ร้อยเอก	rói àyk
major (m)	พลตรี	phon-dtree
coronel (m)	พันเอก	phan àyk
general (m)	นายพล	naai phon
marujo (m)	กะลาสี	gà-laa-sĕe
capitão (m)	กัปตัน	gàp dtan
contramestre (m)	สรั่งเรือ	sà-ràng reua
artilheiro (m)	ทหารปืนใหญ่	thá-hăan bpeun yài
soldado (m) paraquedista	พลรม	phon-rôm
piloto (m)	นักบิน	nák bin
navegador (m)	ต้นหน	dtôn hŏn
mecânico (m)	ช่างเครื่อง	châang khrêuang
sapador (m)	ทหารช่าง	thá-hăan châang
paraquedista (m)	ทหารราบอากาศ	thá-hăan râap aa-gàat
explorador (m)	ทหารพราน	thá-hăan phraan
franco-atirador (m)	พลซุ่มยิง	phon sûm ying
patrulha (f)	หน่วยลาดตระเวน	nùay lâat dtrà-wayn
patrulhar (vt)	ลาดตระเวน	lâat dtrà-wayn
sentinela (f)	ทหารยาม	tá-hăan yaam
guerreiro (m)	นักรบ	nák róp
patriota (m)	ผู้รักชาติ	phôo rák châat
herói (m)	วีรบุรุษ	wee-rá-bù-rùt
heroína (f)	วีรสตรี	wee rá-sot dtree
traidor (m)	ผู้ทรยศ	phôo thor-rá-yót
trair (vt)	ทรยศ	thor-rá-yót
desertor (m)	ทหารหนีทัพ	thá-hăan nĕe tháp
desertar (vt)	หนีทัพ	nĕe tháp
mercenário (m)	ทหารรับจ้าง	thá-hăan ráp jâang
recruta (m)	เกณฑ์ทหาร	gayn thá-hăan
voluntário (m)	อาสาสมัคร	aa-săa sà-màk
morto (m)	คนถูกฆ่า	khon thòok khâa
ferido (m)	ผู้ได้รับบาดเจ็บ	phôo dâai ráp bàat jèp
prisioneiro (m) de guerra	เชลยศึก	chá-loie sèuk

112. Guerra. Ações militares. Parte 1

guerra (f)	สงคราม	sŏng-khraam
guerrear (vt)	ทำสงคราม	tham sŏng-khraam
guerra (f) civil	สงครามกลางเมือง	sŏng-khraam glaang-meuang
perfidamente	ตลบตะแลง	dtà-lòp-dtà-laeng
declaração (f) de guerra	การประกาศสงคราม	gaan bprà-gàat sŏng-khraam
declarar (vt) guerra	ประกาศสงคราม	bprà-gàat sŏng-khraam
agressão (f)	การรุกราน	gaan rúk-raan
atacar (vt)	บุกรุก	bùk rúk
invadir (vt)	บุกรุก	bùk rúk
invasor (m)	ผู้บุกรุก	phôo bùk rúk
conquistador (m)	ผู้ยึดครอง	phôo yéut khrorng
defesa (f)	การป้องกัน	gaan bpôrng gan
defender (vt)	ปกป้อง	bpòk bpôrng
defender-se (vr)	ป้องกัน	bpôrng gan
inimigo (m)	ศัตรู	sàt-dtroo
adversário (m)	ข้าศึก	khâa sèuk
inimigo	ศัตรู	sàt-dtroo
estratégia (f)	ยุทธศาสตร์	yút-thá-sàat
tática (f)	ยุทธวิธี	yút-thá-wí-thee
ordem (f)	คำสั่ง	kham sàng
comando (m)	คำบัญชาการ	kham ban-chaa gaan
ordenar (vt)	สั่ง	sàng
missão (f)	ภารกิจ	phaa-rá-gìt
secreto	อย่างลับ	yàang láp
batalha (f), combate (m)	การรบ	gaan róp
ataque (m)	การจู่โจม	gaan jòo johm
assalto (m)	การเข้าจู่โจม	gaan khâo jòo johm
assaltar (vt)	บุกจู่โจม	bùk jòo johm
assédio, sítio (m)	การโอบล้อมโจมตี	gaan òhp lóm johm dtee
ofensiva (f)	การโจมตี	gaan johm dtee
passar à ofensiva	โจมตี	johm dtee
retirada (f)	การถอย	gaan thŏi
retirar-se (vr)	ถอย	thŏi
cerco (m)	การปิดล้อม	gaan bpìt lórm
cercar (vt)	ปิดล้อม	bpìt lórm
bombardeio (m)	การทิ้งระเบิด	gaan thíng rá-bèrt
lançar uma bomba	ทิ้งระเบิด	thíng rá-bèrt
bombardear (vt)	ทิ้งระเบิด	thíng rá-bèrt
explosão (f)	การระเบิด	gaan rá-bèrt
tiro (m)	การยิง	gaan ying
disparar um tiro	ยิง	ying

tiroteio (m)	การยิง	gaan ying
apontar para ...	เล็ง	leng
apontar (vt)	ชี้	chée
acertar (vt)	ถูกเป้าหมาย	thòok bpâo măai

afundar (um navio)	จม	jom
brecha (f)	รู	roo
afundar (vi)	จม	jom

frente (m)	แนวหน้า	naew nâa
evacuação (f)	การอพยพ	gaan òp-phá-yóp
evacuar (vt)	อพยพ	òp-phá-yóp

trincheira (f)	สนามเพลาะ	sà-năam phlór
arame (m) farpado	ลวดหนาม	lûat năam
obstáculo (m) anticarro	สิ่งกีดขวาง	sìng gèet-khwăang
torre (f) de vigia	หอสังเกตการณ์	hŏr săng-gàyt gaan

hospital (m)	โรงพยาบาลทหาร	rohng phá-yaa-baan thá-hăan
ferir (vt)	ทำให้บาดเจ็บ	tham hâi bàat jèp
ferida (f)	แผล	phlăe
ferido (m)	ผู้ได้รับบาดเจ็บ	phôo dâai ráp bàat jèp
ficar ferido	ได้รับบาดเจ็บ	dâai ráp bàat jèp
grave (ferida ~)	รายแรง	ráai raeng

113. Guerra. Ações militares. Parte 2

cativeiro (m)	การเป็นเชลย	gaan bpen chá-loie
capturar (vt)	จับเชลย	jàp chá-loie
estar em cativeiro	เป็นเชลย	bpen chá-loie
ser aprisionado	ถูกจับเป็นเชลย	thòok jàp bpen chá-loie

campo (m) de concentração	ค่ายกักกัน	khâai gàk gan
prisioneiro (m) de guerra	เชลยศึก	chá-loie sèuk
escapar (vi)	หนี	nĕe

trair (vt)	ทรยศ	thor-rá-yót
traidor (m)	ผู้ทรยศ	phôo thor-rá-yót
traição (f)	การทรยศ	gaan thor-rá-yót

fuzilar, executar (vt)	ประหาร	bprà-hăan
fuzilamento (m)	การประหาร	gaan bprà-hăan

equipamento (m)	ชุดเสื้อผ้าทหาร	chút sêua phâa thá-hăan
platina (f)	บั้ง	bâng
máscara (f) antigás	หน้ากากกันแก๊ส	nâa gàak gan gàet

rádio (m)	วิทยุสนาม	wít-thá-yú sà-năam
cifra (f), código (m)	รหัส	rá-hàt
conspiração (f)	ความลับ	khwaam láp
senha (f)	รหัสผ่าน	rá-hàt phàan
mina (f)	กับระเบิด	gàp rá-bèrt
minar (vt)	วางกับระเบิด	waang gàp rá-bèrt

campo (m) minado	เขตทุ่นระเบิด	khàyt thûn rá-bèrt
alarme (m) aéreo	สัญญาณเตือนภัยทางอากาศ	săn-yaan dteuan phai thaang aa-gàat
alarme (m)	สัญญาณเตือนภัย	săn-yaan dteuan phai
sinal (m)	สัญญาณ	săn-yaan
sinalizador (m)	พลุสัญญาณ	phlú săn-yaan

estado-maior (m)	กองบัญชาการ	gorng ban-chaa gaan
reconhecimento (m)	การลาดตระเวน	gaan lâat dtrà-wayn
situação (f)	สถานการณ์	sà-thăan gaan
relatório (m)	การรายงาน	gaan raai ngaan
emboscada (f)	การซุ่มโจมตี	gaan sûm johm dtee
reforço (m)	กำลังเสริม	gam-lang sĕrm

alvo (m)	เป้าหมาย	bpâo măai
campo (m) de tiro	สถานที่ทดลอง	sà-tăan thêe thót long
manobras (f pl)	การซ้อมรบ	gaan sórm róp

pânico (m)	ความตื่นตระหนก	khwaam dtèun dtrà-nòk
devastação (f)	การทำลายล้าง	gaan tham-laai láang
ruínas (f pl)	ซาก	sâak
destruir (vt)	ทำลาย	tham laai

sobreviver (vi)	รอดชีวิต	rôt chee-wít
desarmar (vt)	ปลดอาวุธ	bplòt aa-wút
manusear (vt)	ใช้	chái

Firmes!	หยุด	yùt
Descansar!	พัก	phák

façanha (f)	การแสดงความกล้าหาญ	gaan sà-daeng khwaam glâa hăan
juramento (m)	คำสาบาน	kham săa-baan
jurar (vi)	สาบาน	săa baan

condecoração (f)	รางวัล	raang-wan
condecorar (vt)	มอบรางวัล	môrp raang-wan
medalha (f)	เหรียญรางวัล	rĭan raang-wan
ordem (f)	เครื่องอิสริยาภรณ์	khrêuang ìt-sà-rí-yaa-phon

vitória (f)	ชัยชนะ	chai chá-ná
derrota (f)	ความพ่ายแพ้	khwaam phâai pháe
armistício (m)	การพักรบ	gaan phák róp

bandeira (f)	ธงรบ	thorng róp
glória (f)	ความรุ่งโรจน์	khwaam rûng-rôht
desfile (m) militar	ขบวนสวนสนาม	khà-buan sŭan sà-năam
marchar (vi)	เดินสวนสนาม	dern sŭan sà-năam

114. Armas

arma (f)	อาวุธ	aa-wút
arma (f) de fogo	อาวุธปืน	aa-wút bpeun
arma (f) branca	อาวุธเย็น	aa-wút yen

arma (f) química	อาวุธเคมี	aa-wút khay-mee
nuclear	นิวเคลียร์	niw-khlia
arma (f) nuclear	อาวุธนิวเคลียร์	aa-wút niw-khlia
bomba (f)	ลูกระเบิด	lôok rá-bèrt
bomba (f) atómica	ลูกระเบิดปรมาณู	lôok rá-bèrt bpà-rá-maa-noo
pistola (f)	ปืนพก	bpeun phók
caçadeira (f)	ปืนไรเฟิล	bpeun rai-fern
pistola-metralhadora (f)	ปืนกลมือ	bpeun gon meu
metralhadora (f)	ปืนกล	bpeun gon
boca (f)	ปากประบอกปืน	bpàak bprà bòrk bpeun
cano (m)	ลำกล้อง	lam glôrng
calibre (m)	ขนาดลำกล้อง	khà-nàat lam glôrng
gatilho (m)	ไกปืน	gai bpeun
mira (f)	ศูนย์เล็ง	sŏon leng
carregador (m)	แม็กกาซีน	máek-gaa-seen
coronha (f)	พานท้ายปืน	phaan tháai bpeun
granada (f) de mão	ระเบิดมือ	rá-bèrt meu
explosivo (m)	วัตถุระเบิด	wát-thù rá-bèrt
bala (f)	ลูกกระสุน	lôok grà-sǔn
cartucho (m)	ตลับกระสุน	dtà-làp grà-sǔn
carga (f)	กระสุน	grà-sǔn
munições (f pl)	อาวุธยุทธภัณฑ์	aa-wút yút-thá-phan
bombardeiro (m)	เครื่องบินทิ้งระเบิด	khrêuang bin thíng rá-bèrt
avião (m) de caça	เครื่องบินขับไล่	khrêuang bin khàp lâi
helicóptero (m)	เฮลิคอปเตอร์	hay-lí-khôrp-dtêr
canhão (m) antiaéreo	ปืนต่อสู้อากาศยาน	bpeun dtòr sôo aa-gàat-sà-yaan
tanque (m)	รถถัง	rót thăng
canhão (de um tanque)	ปืนรถถัง	bpeun rót thăng
artilharia (f)	ปืนใหญ่	bpeun yài
canhão (m)	ปืน	bpeun
fazer a pontaria	เล็งเป้าปืน	leng bpâo bpeun
obus (m)	กระสุน	grà-sǔn
granada (f) de morteiro	กระสุนปืนครก	grà-sǔn bpeun khrók
morteiro (m)	ปืนครก	bpeun khrók
estilhaço (m)	สะเก็ดระเบิด	sà-gèt rá-bèrt
submarino (m)	เรือดำน้ำ	reua dam náam
torpedo (m)	ตอร์ปิโด	dtor-bpi-doh
míssil (m)	ขีปนาวุธ	khěe-bpà-naa-wút
carregar (uma arma)	ใส่กระสุน	sài grà-sǔn
atirar, disparar (vi)	ยิง	ying
apontar para ...	เล็ง	leng
baioneta (f)	ดาบปลายปืน	dàap bplaai bpeun
espada (f)	เรเปียร์	ray-bpia

sabre (m)	ดาบโค้ง	dàap khóhng
lança (f)	หอก	hòrk
arco (m)	ธนู	thá-noo
flecha (f)	ลูกธนู	lôok-thá-noo
mosquete (m)	ปืนคาบศิลา	bpeun khâap sì-laa
besta (f)	หน้าไม้	nâa máai

115. Povos da antiguidade

primitivo	แบบดั้งเดิม	bàep dâng derm
pré-histórico	ยุคก่อนประวัติศาสตร์	yúk gòn bprà-wàt sàat
antigo	โบราณ	boh-raan
Idade (f) da Pedra	ยุคหิน	yúk hĭn
Idade (f) do Bronze	ยุคสำริด	yúk săm-rít
período (m) glacial	ยุคน้ำแข็ง	yúk nám khăeng
tribo (f)	เผ่า	phào
canibal (m)	ผู้ที่กินเนื้อคน	phôo thêe gin néua khon
caçador (m)	นักล่าสัตว์	nák lâa sàt
caçar (vi)	ล่าสัตว์	lâa sàt
mamute (m)	ช้างแมมมอธ	cháang-maem-môt
caverna (f)	ถ้ำ	thâm
fogo (m)	ไฟ	fai
fogueira (f)	กองไฟ	gorng fai
pintura (f) rupestre	ภาพวาดในถ้ำ	phâap-wâat nai thâm
ferramenta (f)	เครื่องมือ	khrêuang meu
lança (f)	หอก	hòrk
machado (m) de pedra	ขวานหิน	khwăan hĭn
guerrear (vt)	ทำสงคราม	tham sŏng-khraam
domesticar (vt)	เชื่อง	chêuang
ídolo (m)	เทวรูป	theu-rôop
adorar, venerar (vt)	บูชา	boo-chaa
superstição (f)	ความเชื่องมงาย	khwaam chêua ngom-ngaai
ritual (m)	พิธีกรรม	phí-thee gam
evolução (f)	วิวัฒนาการ	wí-wát-thá-naa-gaan
desenvolvimento (m)	การพัฒนา	gaan phát-thá-naa
desaparecimento (m)	การสูญพันธุ์	gaan sŏon phan
adaptar-se (vr)	ปรับตัว	bpràp dtua
arqueologia (f)	โบราณคดี	boh-raan khá-dee
arqueólogo (m)	นักโบราณคดี	nák boh-raan-ná-khá-dee
arqueológico	ทางโบราณคดี	thaang boh-raan khá-dee
local (m) das escavações	แหล่งขุดค้น	làeng khùt khón
escavações (f pl)	การขุดค้น	gaan khùt khón
achado (m)	สิ่งที่ค้นพบ	sìng thêe khón phóp
fragmento (m)	เศษชิ้นส่วน	sàyt chín sùan

116. Idade média

povo (m)	ชาติพันธุ์	châat-dtì-phan
povos (m pl)	ชาติพันธุ์	châat-dtì-phan
tribo (f)	เผ่า	phào
tribos (f pl)	เผ่า	phào
bárbaros (m pl)	อนารยชน	à-naa-rá-yá-chon
gauleses (m pl)	ชาวโกล	chaao gloh
godos (m pl)	ชาวกอธ	chaao gòt
eslavos (m pl)	ชาวสลาฟ	chaao sà-làaf
víquingues (m pl)	ชาวไวกิ้ง	chaao wai-gîng
romanos (m pl)	ชาวโรมัน	chaao roh-man
romano	โรมัน	roh-man
bizantinos (m pl)	ชาวไบแซนไทน์	chaao bai-saen-tpai
Bizâncio	ไบแซนเทียม	bai-saen-thiam
bizantino	ไบแซนไทน์	bai-saen-thai
imperador (m)	จักรพรรดิ	jàk-grà-phát
líder (m)	ผู้นำ	phôo nam
poderoso	ทรงพลัง	song phá-lang
rei (m)	มหากษัตริย์	má-hăa gà-sàt
governante (m)	ผู้ปกครอง	phôo bpòk khrorng
cavaleiro (m)	อัศวิน	àt-sà-win
senhor feudal (m)	เจ้าครองนคร	jâo khrorng ná-khon
feudal	ระบบศักดินา	rá-bòp sàk-gà-dì naa
vassalo (m)	เจ้าของที่ดิน	jâo khŏrng thêe din
duque (m)	ดยุค	dà-yúk
conde (m)	เอิรล	ern
barão (m)	บารอน	baa-rorn
bispo (m)	พระบิชอป	phrá bì-chôp
armadura (f)	เกราะ	gròr
escudo (m)	โล่	lôh
espada (f)	ดาบ	dàap
viseira (f)	กะบังหน้าของหมวก	gà-bang nâa khŏrng mùak
cota (f) de malha	เสื้อเกราะถัก	sêua gròr thàk
cruzada (f)	สงครามครูเสด	sŏng-khraam khroo-sàyt
cruzado (m)	ผู้ทำสงครามศาสนา	phôo tham sŏng-kraam sàat-sà-năa
território (m)	อาณาเขต	aa-naa khàyt
atacar (vt)	โจมตี	johm dtee
conquistar (vt)	ยึดครอง	yéut khrorng
ocupar, invadir (vt)	บุกยึด	bùk yéut
assédio, sítio (m)	การโอบล้อมโจมตี	gaan òhp lóm johm dtee
sitiado	ถูกล้อมกรอบ	thòok lóm gròp
assediar, sitiar (vt)	ล้อมโจมตี	lóm johm dtee
inquisição (f)	การไต่สวน	gaan dtài sŭan

inquisidor (m)	ผู้ไต่สวน	phôo dtài sǔan
tortura (f)	การทูรมาน	gaan thor-rá-maan
cruel	โหดราย	hòht ráai
herege (m)	ผู้นอกรีต	phôo nôrk rêet
heresia (f)	ความนอกรีต	khwaam nôrk rêet
navegação (f) marítima	การเดินเรือทะเล	gaan dern reua thá-lay
pirata (m)	โจรสลัด	john sà-làt
pirataria (f)	การปลันสะดมในนานน้ำทะเล	gaan bplôn-sà-dom nai nâan náam thá-lay
abordagem (f)	การบุกขึ้นเรือ	gaan bùk khêun reua
saque (m), pulhagem (f)	ของที่ปลันสะดมมา	khǒrng têe bplôn-sà-dom maa
tesouros (m pl)	สมบัติ	sǒm-bàt
descobrimento (m)	การค้นพบ	gaan khón phóp
descobrir (novas terras)	คนพบ	khón phóp
expedição (f)	การสำรวจ	gaan sǎm-rùat
mosqueteiro (m)	ทหารถือปืนคาบศิลา	thá-hǎan thěu bpeun khâap sì-laa
cardeal (m)	พระคาร์ดินัล	phrá khaa-dì-nan
heráldica (f)	มุทราศาสตร์	mút-raa sàat
heráldico	ทางมุทราศาสตร์	thaang mút-raa sàat

117. Líder. Chefe. Autoridades

rei (m)	ราชา	raa-chaa
rainha (f)	ราชินี	raa-chí-nee
real	เกี่ยวกับราชวงศ์	gìeow gàp râat-cha-wong
reino (m)	ราชอาณาจักร	râat aa-naa jàk
príncipe (m)	เจ้าชาย	jâo chaai
princesa (f)	เจาหญิง	jâo yǐng
presidente (m)	ประธานาธิบดี	bprà-thaa-naa-thí-bor-dee
vice-presidente (m)	รองประธานาธิบดี	rorng bprà-thaa-naa-thí-bor-dee
senador (m)	สมาชิกวุฒิสภา	sà-maa-chík wút-thí sà-phaa
monarca (m)	กษัตริย์	gà-sàt
governante (m)	ผู้ปกครอง	phôo bpòk khrorng
ditador (m)	เผด็จการ	phà-dèt gaan
tirano (m)	ทรราช	thor-rá-râat
magnata (m)	ผู้มีอิทธิพลสูง	phôo mee ìt-thí phon sǒong
diretor (m)	ผู้อำนวยการ	phôo am-nuay gaan
chefe (m)	หัวหน้า	hǔa-nâa
dirigente (m)	ผู้จัดการ	phôo jàt gaan
patrão (m)	หัวหน้า	hǔa-nâa
dono (m)	เจ้าของ	jâo khǒrng
líder, chefe (m)	ผู้นำ	phôo nam
chefe (~ de delegação)	หัวหน้า	hǔa-nâa

autoridades (f pl)	เจ้าหน้าที่	jâo nâa-thêe
superiores (m pl)	ผู้บังคับบัญชา	phôo bang-kháp ban-chaa
governador (m)	ผู้ว่าการ	phôo wâa gaan
cônsul (m)	กงสุล	gong-sǔn
diplomata (m)	นักการทูต	nák gaan thôot
prefeito (m)	นายกเทศมนตรี	naa-yók thâyt-sà-mon-dtree
xerife (m)	นายอำเภอ	naai am-pher
imperador (m)	จักรพรรดิ	jàk-grà-phát
czar (m)	ซาร์	saa
faraó (m)	ฟาโรห์	faa-roh
cã (m)	ขาน	khàan

118. Viloação da lei. Criminosos. Parte 1

bandido (m)	โจร	john
crime (m)	อาชญากรรม	àat-yaa-gam
criminoso (m)	อาชญากร	àat-yaa-gon
ladrão (m)	ขโมย	khà-moi
roubar (vt)	ขโมย	khà-moi
roubo (atividade)	การลักขโมย	gaan lák khà-moi
furto (m)	การลักทรัพย์	gaan lák sáp
raptar (ex. ~ uma criança)	ลักพาตัว	lák phaa dtua
rapto (m)	การลักพาตัว	gaan lák phaa dtua
raptor (m)	ผู้ลักพาตัว	phôo lák phaa dtua
resgate (m)	ค่าไถ่	khâa thài
pedir resgate	เรียกเงินค่าไถ่	rîak ngern khâa thài
roubar (vt)	ปล้น	bplôn
assalto, roubo (m)	การปล้น	gaan bplôn
assaltante (m)	ขโมยขโจร	khà-moi khà-john
extorquir (vt)	รีดไถ	rêet thǎi
extorsionário (m)	ผู้รีดไถ	phôo rêet thǎi
extorsão (f)	การรีดไถ	gaan rêet thǎi
matar, assassinar (vt)	ฆ่า	khâa
homicídio (m)	ฆาตกรรม	khâat-dtà-gaam
homicida, assassino (m)	ฆาตกร	khâat-dtà-gon
tiro (m)	การยิงปืน	gaan ying bpeun
dar um tiro	ยิง	ying
matar a tiro	ยิงให้ตาย	ying hâi dtaai
atirar, disparar (vi)	ยิง	ying
tiroteio (m)	การยิง	gaan ying
acontecimento (m)	เหตุการณ์	hàyt gaan
porrada (f)	การต่อสู้	gaan dtòr sôo
Socorro!	ขอช่วย	khǒr chûay
vítima (f)	เหยื่อ	yèua

danificar (vt)	ทำความเสียหาย	tham khwaam sĭa hăai
dano (m)	ความเสียหาย	khwaam sĭa hăai
cadáver (m)	ศพ	sòp
grave	รายแรง	ráai raeng

atacar (vt)	จู่โจม	jòo johm
bater (espancar)	ตี	dtee
espancar (vt)	ซ้อม	sórm
tirar, roubar (dinheiro)	ปล้น	bplôn
esfaquear (vt)	แทงให้ตาย	thaeng hâi dtaai
mutilar (vt)	ทำให้บาดเจ็บสาหัส	tham hâi bàat jèp săa hàt
ferir (vt)	บาด	bàat

chantagem (f)	การกรรโชก	gaan-gan-chôhk
chantagear (vt)	กรรโชก	gan-chôhk
chantagista (m)	ผู้ขู่กรรโชก	phôo khòo gan-chôhk

extorsão (em troca de proteção)	การคุมครอง ผิดกฎหมาย	gaan khum khrorng phìt gòt măai
extorsionário (m)	ผู้ที่หาเงิน จากกิจกรรมที่ ผิดกฎหมาย	phôo thêe hăa ngern jàak gìt-jà-gam thêe phìt gòt măai
gângster (m)	เหล่าร้าย	lào ráai
máfia (f)	มาเฟีย	maa-fia

carteirista (m)	ขโมยล้วงกระเป๋า	khà-moi lúang grà-bpăo
assaltante, ladrão (m)	ขโมยยองเบา	khà-moi yông bao
contrabando (m)	การลักลอบ	gaan lák-lôrp
contrabandista (m)	ผู้ลักลอบ	phôo lák lôrp

falsificação (f)	การปลอมแปลง	gaan bplorm bplaeng
falsificar (vt)	ปลอมแปลง	bplorm bplaeng
falsificado	ปลอม	bplorm

119. Viloação da lei. Criminosos. Parte 2

violação (f)	การข่มขืน	gaan khòm khĕun
violar (vt)	ขมขืน	khòm khĕun
violador (m)	โจรขมขืน	john khòm khĕun
maníaco (m)	คนบ้า	khon bâa

prostituta (f)	โสเภณี	sŏh-phay-nee
prostituição (f)	การคาประเวณี	gaan kháa bprà-way-nee
chulo (m)	แมงดา	maeng-daa

toxicodependente (m)	ผู้ติดยาเสพติด	phôo dtìt yaa-sàyp-dtìt
traficante (m)	พอคายาเสพติด	phôr kháa yaa-sàyp-dtìt

explodir (vt)	ระเบิด	rá-bèrt
explosão (f)	การระเบิด	gaan rá-bèrt
incendiar (vt)	เผา	phăo
incendiário (m)	ผู้ลอบวางเพลิง	phôo lôp waang phlerng
terrorismo (m)	การก่อการร้าย	gaan gòr gaan ráai
terrorista (m)	ผู้ก่อการร้าย	phôo gòr gaan ráai

refém (m)	ตัวประกัน	dtua bprà-gan
enganar (vt)	ลอลวง	lôr luang
engano (m)	การลอลวง	gaan lôr luang
vigarista (m)	นักตมตุน	nák dtôm dtŭn
subornar (vt)	ติดสินบน	dtìt sĭn-bon
suborno (atividade)	การติดสินบน	gaan dtìt sĭn-bon
suborno (dinheiro)	สินบน	sĭn bon
veneno (m)	ยาพิษ	yaa phít
envenenar (vt)	วางยาพิษ	waang-yaa phít
envenenar-se (vr)	กินยาตาย	gin yaa dtaai
suicídio (m)	การฆ่าตัวตาย	gaan khâa dtua dtaai
suicida (m)	ผู้ฆ่าตัวตาย	phôo khâa dtua dtaai
ameaçar (vt)	ขู่	khòo
ameaça (f)	คำขู่	kham khòo
atentar contra a vida de ...	พยายามฆ่า	phá-yaa-yaam khâa
atentado (m)	การพยายามฆ่า	gaan phá-yaa-yaam khâa
roubar (o carro)	จี้	jêe
desviar (o avião)	จี้	jêe
vingança (f)	การแก้แค้น	gaan gâe kháen
vingar (vt)	แก้แค้น	gâe kháen
torturar (vt)	ทรมาน	thon-maan
tortura (f)	การทรมาน	gaan thor-rá-maan
atormentar (vt)	ทำทารุณ	tam taa-run
pirata (m)	โจรสลัด	john sà-làt
desordeiro (m)	นักเลง	nák-layng
armado	มีอาวุธ	mee aa-wút
violência (f)	ความรุนแรง	khwaam run raeng
ilegal	ผิดกฎหมาย	phìt gòt măai
espionagem (f)	จารกรรม	jaa-rá-gam
espionar (vi)	ลวงความลับ	lúang khwaam láp

120. Polícia. Lei. Parte 1

justiça (f)	ยุติธรรม	yút-dtì-tham
tribunal (m)	ศาล	săan
juiz (m)	ผู้พิพากษา	phôo phí-phâak-săa
jurados (m pl)	ลูกขุน	lôok khŭn
tribunal (m) do júri	การไต่สวนคดี แบบมีลูกขุน	gaan dtài sŭan khá-dee bàep mee lôok khŭn
julgar (vt)	พิพากษา	phí-phâak-săa
advogado (m)	ทนายความ	thá-naai khwaam
réu (m)	จำเลย	jam loie
banco (m) dos réus	คอกจำเลย	khôrk jam loie

acusação (f)	ข้อกล่าวหา	khôr glàao hăa
acusado (m)	ถูกกล่าวหา	thòok glàao hăa
sentença (f)	การลงโทษ	gaan long thôht
sentenciar (vt)	พิพากษา	phí-phâak-săa
culpado (m)	ผู้กระทำความผิด	phôo grà-tham khwaam phìt
punir (vt)	ลงโทษ	long thôht
punição (f)	การลงโทษ	gaan long thôht
multa (f)	ปรับ	bpràp
prisão (f) perpétua	การจำคุกตลอดชีวิต	gaan jam khúk dtà-lòt chee-wít
pena (f) de morte	โทษประหาร	thôht-bprà-hăan
cadeira (f) elétrica	เก้าอี้ไฟฟ้า	gâo-êe fai-fáa
forca (f)	ตะแลงแกง	dtà-laeng-gaeng
executar (vt)	ประหาร	bprà-hăan
execução (f)	การประหาร	gaan bprà-hăan
prisão (f)	คุก	khúk
cela (f) de prisão	ห้องขัง	hôrng khăng
escolta (f)	ผู้ควบคุมตัว	phôo khûap khum dtua
guarda (m) prisional	ผู้คุม	phôo khum
preso (m)	นักโทษ	nák thôht
algemas (f pl)	กุญแจมือ	gun-jae meu
algemar (vt)	ใส่กุญแจมือ	sài gun-jae meu
fuga, evasão (f)	การแหกคุก	gaan hàek khúk
fugir (vi)	แหก	hàek
desaparecer (vi)	หายตัวไป	hăai dtua bpai
soltar, libertar (vt)	ถูกปล่อยตัว	thòok bplòi dtua
amnistia (f)	การนิรโทษกรรม	gaan ní-rá-thôht gam
polícia (instituição)	ตำรวจ	dtam-rùat
polícia (m)	เจ้าหน้าที่ตำรวจ	jâo nâa-thêe dtam-rùat
esquadra (f) de polícia	สถานีตำรวจ	sà-thăa-nee dtam-rùat
cassetete (m)	กระบองตำรวจ	grà-bong dtam-rùat
megafone (m)	โทรโข่ง	toh-ra -khòhng
carro (m) de patrulha	รถลาดตระเวน	rót lâat dtrà-wayn
sirene (f)	หวอ	wŏr
ligar a sirene	เปิดหวอ	bpèrt wŏr
toque (m) da sirene	เสียงหวอ	sĭang wŏr
cena (f) do crime	ที่เกิดเหตุ	thêe gèrt hàyt
testemunha (f)	พยาน	phá-yaan
liberdade (f)	อิสระ	ìt-sà-rà
cúmplice (m)	ผู้ร่วมกระทำผิด	phôo rûam grà-tham phìt
escapar (vi)	หนี	nĕe
traço (não deixar ~s)	รองรอย	rông roi

121. Polícia. Lei. Parte 2

procura (f)	การสืบสวน	gaan sèup sŭan
procurar (vt)	หาตัว	hăa dtua
suspeita (f)	ความสงสัย	khwaam sŏng-săi
suspeito	น่าสงสัย	nâa sŏng-săi
parar (vt)	เรียกให้หยุด	rîak hâi yùt
deter (vt)	กักตัว	gàk dtua
caso (criminal)	คดี	khá-dee
investigação (f)	การสืบสวน	gaan sèup sŭan
detetive (m)	นักสืบ	nák sèup
investigador (m)	นักสอบสวน	nák sòrp sŭan
versão (f)	สันนิษฐาน	săn-nít-thăan
motivo (m)	เหตุจูงใจ	hàyt joong jai
interrogatório (m)	การสอบปากคำ	gaan sòp bpàak kham
interrogar (vt)	สอบสวน	sòrp sŭan
questionar (vt)	ไถ่ถาม	thài thăam
verificação (f)	การตรวจสอบ	gaan dtrùat sòp
rusga (f)	การรวบตัว	gaan rûap dtua
busca (f)	การตรุวจคน	gaan dtrùat khón
perseguição (f)	การไล่ล่า	gaan lâi lâa
perseguir (vt)	ไล่ล่า	lâi lâa
seguir (vt)	สืบ	sèup
prisão (f)	การจับกุม	gaan jàp gum
prender (vt)	จับกุม	jàp gum
pegar, capturar (vt)	จับ	jàp
captura (f)	การจับ	gaan jàp
documento (m)	เอกสาร	àyk săan
prova (f)	หลักฐาน	làk thăan
provar (vt)	พิสูจน์	phí-sòot
pegada (f)	รอยเท้า	roi tháo
impressões (f pl) digitais	รอยนิ้วมือ	roi níw meu
prova (f)	หลักฐาน	làk thăan
álibi (m)	ข้อแก้ตัว	khôr gâe dtua
inocente	พ้นผิด	phón phìt
injustiça (f)	ความอยุติธรรม	khwaam a-yút-dtì-tam
injusto	ไม่เป็นธรรม	mâi bpen-tham
criminal	อาชญากร	àat-yaa-gon
confiscar (vt)	ยึด	yéut
droga (f)	ยาเสพติด	yaa sàyp dtìt
arma (f)	อาวุธ	aa-wút
desarmar (vt)	ปลดอาวุธ	bplòt aa-wút
ordenar (vt)	ออกคำสั่ง	òrk kham sàng
desaparecer (vi)	หายตัวไป	hăai dtua bpai
lei (f)	กฎหมาย	gòt măai
legal	ตามกฎหมาย	dtaam gòt măai
ilegal	ผิดกฎหมาย	phìt gòt măai

responsabilidade (f)	ความรับผิดชอบ	khwaam ráp phìt chôp
responsável	รับผิดชอบ	ráp phìt chôp

NATUREZA

A Terra. Parte 1

122. Espaço sideral

cosmos (m)	อวกาศ	a-wá-gàat
cósmico	ทางอวกาศ	thang a-wá-gàat
espaço (m) cósmico	อวกาศ	a-wá-gàat

mundo (m)	โลก	lôhk
universo (m)	จักรวาล	jàk-grà-waan
galáxia (f)	ดาราจักร	daa-raa jàk

estrela (f)	ดาว	daao
constelação (f)	กลุ่มดาว	glùm daao
planeta (m)	ดาวเคราะห์	daao khrór
satélite (m)	ดาวเทียม	daao thiam

meteorito (m)	ดาวตก	daao dtòk
cometa (m)	ดาวหาง	daao hăang
asteroide (m)	ดาวเคราะห์น้อย	daao khrór nói

órbita (f)	วงโคจร	wong khoh-jon
girar (vi)	เวียน	wian
atmosfera (f)	บรรยากาศ	ban-yaa-gàat

Sol (m)	ดวงอาทิตย์	duang aa-thít
Sistema (m) Solar	ระบบสุริยะ	rá-bòp sù-rí-yá
eclipse (m) solar	สุริยุปราคา	sù-rí-yú-bpà-raa-kaa

Terra (f)	โลก	lôhk
Lua (f)	ดวงจันทร์	duang jan

Marte (m)	ดาวอังคาร	daao ang-khaan
Vénus (m)	ดาวศุกร์	daao sùk
Júpiter (m)	ดาวพฤหัส	daao phá-réu-hàt
Saturno (m)	ดาวเสาร์	daao săo

Mercúrio (m)	ดาวพุธ	daao phút
Urano (m)	ดาวยูเรนัส	daao-yoo-ray-nát
Neptuno (m)	ดาวเนปจูน	daao-nâyp-joon
Plutão (m)	ดาวพลูโต	daao phloo-dtoh

Via Láctea (f)	ทางช้างเผือก	thaang cháang phèuak
Ursa Maior (f)	กลุ่มดาวหมีใหญ่	glùm daao měe yài
Estrela Polar (f)	ดาวเหนือ	daao něua
marciano (m)	ชาวดาวอังคาร	chaao daao ang-khaan
extraterrestre (m)	มนุษย์ต่างดาว	má-nút dtàang daao

Português	ไทย	Transliteração
alienígena (m)	มนุษย์ต่างดาว	má-nút dtàang daao
disco (m) voador	จานบิน	jaan bin
nave (f) espacial	ยานอวกาศ	yaan a-wá-gàat
estação (f) orbital	สถานีอวกาศ	sà-thǎa-nee a-wá-gàat
lançamento (m)	การปล่อยจรวด	gaan bplòi jà-rùat
motor (m)	เครื่องยนต์	khrêuang yon
bocal (m)	ท่อไอพ่น	thôr ai phôn
combustível (m)	เชื้อเพลิง	chéua phlerng
cabine (f)	ที่นั่งคนขับ	thêe nâng khon khàp
antena (f)	เสาอากาศ	sǎo aa-gàat
vigia (f)	ช่อง	chôrng
bateria (f) solar	อุปกรณ์พลังงานแสงอาทิตย์	ù-bpà-gon phá-lang ngaan sǎeng aa-thít
traje (m) espacial	ชุดอวกาศ	chút a-wá-gàat
imponderabilidade (f)	สภาพไร้น้ำหนัก	sà-phâap rái nám nàk
oxigénio (m)	อ็อกซิเจน	ók sí jayn
acoplagem (f)	การเทียบท่า	gaan thîap thâa
fazer uma acoplagem	เทียบท่า	thîap thâa
observatório (m)	หอดูดาว	hǒr doo daao
telescópio (m)	กล้องโทรทรรศน์	glôrng thoh-rá-thát
observar (vt)	เฝ้าสังเกต	fâo sǎng-gàyt
explorar (vt)	สำรวจ	sǎm-rùat

123. A Terra

Português	ไทย	Transliteração
Terra (f)	โลก	lôhk
globo terrestre (Terra)	ลูกโลก	lôok lôhk
planeta (m)	ดาวเคราะห์	daao khrór
atmosfera (f)	บรรยากาศ	ban-yaa-gàat
geografia (f)	ภูมิศาสตร์	phoo-mí-sàat
natureza (f)	ธรรมชาติ	tham-má-châat
globo (mapa esférico)	ลูกโลก	lôok lôhk
mapa (m)	แผนที่	phǎen thêe
atlas (m)	หนังสือแผนที่โลก	nǎng-sěu phǎen thêe lôhk
Europa (f)	ยุโรป	yú-ròhp
Ásia (f)	เอเชีย	ay-chia
África (f)	แอฟริกา	àef-rí-gaa
Austrália (f)	ออสเตรเลีย	òrt-dtray-lia
América (f)	อเมริกา	a-may-rí-gaa
América (f) do Norte	อเมริกาเหนือ	a-may-rí-gaa něua
América (f) do Sul	อเมริกาใต้	a-may-rí-gaa dtâi
Antártida (f)	แอนตาร์กติกา	aen-dtàak-dtì-gaa
Ártico (m)	อารกติค	àak-dtìk

124. Pontos cardeais

norte (m)	เหนือ	nĕua
para norte	ทิศเหนือ	thít nĕua
no norte	ที่ภาคเหนือ	thêe phâak nĕua
do norte	ทางเหนือ	thaang nĕua
sul (m)	ใต้	dtâi
para sul	ทิศใต้	thít dtâi
no sul	ที่ภาคใต้	thêe phâak dtâi
do sul	ทางใต้	thaang dtâi
oeste, ocidente (m)	ตะวันตก	dtà-wan dtòk
para oeste	ทิศตะวันตก	thít dtà-wan dtòk
no oeste	ที่ภาคตะวันตก	thêe phâak dtà-wan dtòk
ocidental	ทางตะวันตก	thaang dtà-wan dtòk
leste, oriente (m)	ตะวันออก	dtà-wan òrk
para leste	ทิศตะวันออก	thít dtà-wan òrk
no leste	ที่ภาคตะวันออก	thêe phâak dtà-wan òrk
oriental	ทางตะวันออก	thaang dtà-wan òrk

125. Mar. Oceano

mar (m)	ทะเล	thá-lay
oceano (m)	มหาสมุทร	má-hăa sà-mùt
golfo (m)	อ่าว	àao
estreito (m)	ช่องแคบ	chôrng khâep
terra (f) firme	พื้นดิน	phéun din
continente (m)	ทวีป	thá-wêep
ilha (f)	เกาะ	gòr
península (f)	คาบสมุทร	khâap sà-mùt
arquipélago (m)	หมู่เกาะ	mòo gòr
baía (f)	อ่าว	àao
porto (m)	ท่าเรือ	thâa reua
lagoa (f)	ลากูน	laa-goon
cabo (m)	แหลม	lăem
atol (m)	อะทอลล์	à-thorn
recife (m)	แนวปะการัง	naew bpà-gaa-rang
coral (m)	ปะการัง	bpà gaa-rang
recife (m) de coral	แนวปะการัง	naew bpà-gaa-rang
profundo	ลึก	léuk
profundidade (f)	ความลึก	khwaam léuk
abismo (m)	หุบเหวลึก	hùp wăy léuk
fossa (f) oceânica	ร่องลึกก้นสมุทร	rông léuk gôn sà-mùt
corrente (f)	กระแสน้ำ	grà-săe náam
banhar (vt)	ล้อมรอบ	lórm rôrp

litoral (m)	ชายฝั่ง	chaai fàng
costa (f)	ชายฝั่ง	chaai fàng
maré (f) alta	น้ำขึ้น	náam khêun
maré (f) baixa	น้ำลง	náam long
restinga (f)	หาดตื้น	hàat dtêun
fundo (m)	กันทะเล	gôn thá-lay
onda (f)	คลื่น	khlêun
crista (f) da onda	มวนคลื่น	múan khlêun
espuma (f)	ฟองคลื่น	forng khlêun
tempestade (f)	พายุ	phaa-yú
furacão (m)	พายุเฮอร์ริเคน	phaa-yú her-rí-khayn
tsunami (m)	คลื่นยักษ์	khlêun yák
calmaria (f)	ภาวะไร้ลมพัด	phaa-wá rái lom phát
calmo	สงบ	sà-ngòp
polo (m)	ขั้วโลก	khûa lôhk
polar	ขั้วโลก	khûa lôhk
latitude (f)	เส้นรุ้ง	sên rúng
longitude (f)	เส้นแวง	sên waeng
paralela (f)	เส้นขนาน	sên khà-năan
equador (m)	เส้นศูนย์สูตร	sên sŏon sòot
céu (m)	ท้องฟ้า	thórng fáa
horizonte (m)	ขอบฟ้า	khòrp fáa
ar (m)	อากาศ	aa-gàat
farol (m)	ประภาคาร	bprà-phaa-khaan
mergulhar (vi)	ดำ	dam
afundar-se (vr)	จม	jom
tesouros (m pl)	สมบัติ	sŏm-bàt

126. Nomes de Mares e Oceanos

Oceano (m) Atlântico	มหาสมุทรแอตแลนติก	má-hăa sà-mùt àet-laen-dtìk
Oceano (m) Índico	มหาสมุทรอินเดีย	má-hăa sà-mùt in-dia
Oceano (m) Pacífico	มหาสมุทรแปซิฟิก	má-hăa sà-mùt bpae-sí-fík
Oceano (m) Ártico	มหาสมุทรอาร์คติก	má-hăa sà-mùt aa-ká-dtìk
Mar (m) Negro	ทะเลดำ	thá-lay dam
Mar (m) Vermelho	ทะเลแดง	thá-lay daeng
Mar (m) Amarelo	ทะเลเหลือง	thá-lay lĕuang
Mar (m) Branco	ทะเลขาว	thá-lay khăao
Mar (m) Cáspio	ทะเลแคสเปียน	thá-lay khâet-bpian
Mar (m) Morto	ทะเลเดดซี	thá-lay dàyt-see
Mar (m) Mediterrâneo	ทะเลเมดิเตอร์เรเนียน	thá-lay may-dì-dtêr-ray-nian
Mar (m) Egeu	ทะเลเอเจี้ยน	thá-lay ay-jîan
Mar (m) Adriático	ทะเลเอเดรียติก	thá-lay ay-day-ree-yá-dtìk
Mar (m) Arábico	ทะเลอาหรับ	thá-lay aa-ràp

Mar (m) do Japão	ทะเลญี่ปุ่น	thá-lay yêe-bpùn
Mar (m) de Bering	ทะเลเบริ่ง	thá-lay bae-rîng
Mar (m) da China Meridional	ทะเลจีนใต้	thá-lay jeen-dtâi

Mar (m) de Coral	ทะเลคอรัล	thá-lay khor-ran
Mar (m) de Tasman	ทะเลแทสมัน	thá-lay thâet man
Mar (m) do Caribe	ทะเลแคริบเบียน	thá-lay khae-ríp-bian

| Mar (m) de Barents | ทะเลบาเรนท์ | thá-lay baa-rayn |
| Mar (m) de Kara | ทะเลคารา | thá-lay khaa-raa |

Mar (m) do Norte	ทะเลเหนือ	thá-lay něua
Mar (m) Báltico	ทะเลบอลติก	thá-lay bon-dtìk
Mar (m) da Noruega	ทะเลนอรเวย์	thá-lay nor-rá-way

127. Montanhas

montanha (f)	ภูเขา	phoo khǎo
cordilheira (f)	ทิวเขา	thiw khǎo
serra (f)	สันเขา	sǎn khǎo

cume (m)	ยอดเขา	yôrt khǎo
pico (m)	ยอด	yôrt
sopé (m)	ตีนเขา	dteun khǎo
declive (m)	ไหลเขา	lài khǎo

vulcão (m)	ภูเขาไฟ	phoo khǎo fai
vulcão (m) ativo	ภูเขาไฟมีพลัง	phoo khǎo fai mee phá-lang
vulcão (m) extinto	ภูเขาไฟที่ดับแล้ว	phoo khǎo fai thêe dàp láew

erupção (f)	ภูเขาไฟระเบิด	phoo khǎo fai rá-bèrt
cratera (f)	ปล่องภูเขาไฟ	bplòng phoo khǎo fai
magma (m)	หินหนืด	hǐn nèut
lava (f)	ลาวา	laa-waa
fundido (lava ~a)	หลอมเหลว	lǒrm lěo

desfiladeiro (m)	หุบเขาลึก	hùp khǎo léuk
garganta (f)	ช่องเขา	chôrng khǎo
fenda (f)	รอยแตกภูเขา	roi dtàek phoo khǎo
precipício (m)	หุบเหวลึก	hùp wǎy léuk

passo, colo (m)	ทางผ่าน	thaang phàan
planalto (m)	ที่ราบสูง	thêe râap sŏong
falésia (f)	หน้าผา	nâa phǎa
colina (f)	เนินเขา	nern khǎo

glaciar (m)	ธารน้ำแข็ง	thaan náam khǎeng
queda (f) d'água	น้ำตก	nám dtòk
géiser (m)	น้ำพุร้อน	nám phú rórn
lago (m)	ทะเลสาบ	thá-lay sàap

planície (f)	ที่ราบ	thêe râap
paisagem (f)	ภูมิทัศน์	phoom thát
eco (m)	เสียงสะท้อน	sǐang sà-thón

alpinista (m)	นักปีนเขา	nák bpeen khǎo
escalador (m)	นักไต่เขา	nák dtài khǎo
conquistar (vt)	ไต่เขาถึงยอด	dtài khǎo thěung yôt
subida, escalada (f)	การปีนเขา	gaan bpeen khǎo

128. Nomes de montanhas

Alpes (m pl)	เทือกเขาแอลป์	thêuak-khǎo-aen
monte Branco (m)	ยอดเขามงบล็อง	yôt khǎo mong-bà-lǒng
Pirineus (m pl)	เทือกเขาไพรีนีส	thêuak khǎo pai-ree-nêet
Cárpatos (m pl)	เทือกเขาคาร์เพเทียน	thêuak khǎo khaa-phay-thian
montes (m pl) Urais	เทือกเขายูรัล	thêuak khǎo yoo-ran
Cáucaso (m)	เทือกเขาคอเคซัส	thêuak khǎo khor-khay-sát
Elbrus (m)	ยอดเขาเอลบรุส	yôt khǎo ayn-brùt
Altai (m)	เทือกเขาอัลไต	thêuak khǎo an-dtai
Tian Shan (m)	เทือกเขาเทียนชวน	thêuak khǎo thian-chaan
Pamir (m)	เทือกเขาพาเมียร์	thêuak khǎo paa-mia
Himalaias (m pl)	เทือกเขาหิมาลัย	thêuak khǎo hì-maa-lai
monte (m) Everest	ยอดเขาเอเวอเรสต์	yôt khǎo ay-wer-râyt
Cordilheira (f) dos Andes	เทือกเขาแอนดีส	thêuak-khǎo-aen-dèet
Kilimanjaro (m)	ยอดเขาคิลิมันจาโร	yôt khǎo khí-lí-man-jaa-roh

129. Rios

rio (m)	แม่น้ำ	mâe náam
fonte, nascente (f)	แหล่งน้ำแร่	làeng náam râe
leito (m) do rio	เส้นทางแม่น้ำ	sên thaang mâe náam
bacia (f)	ลุ่มน้ำ	lûm náam
desaguar no ...	ไหลไปสู่...	lǎi bpai sòo...
afluente (m)	สาขา	sǎa-khǎa
margem (do rio)	ฝั่งแม่น้ำ	fàng mâe náam
corrente (f)	กระแสน้ำ	grà-sǎe náam
rio abaixo	ตามกระแสน้ำ	dtaam grà-sǎe náam
rio acima	ทวนน้ำ	thuan náam
inundação (f)	น้ำท่วม	náam thûam
cheia (f)	น้ำท่วม	náam thûam
transbordar (vi)	เอ่อล้น	èr lón
inundar (vt)	ท่วม	thûam
baixio (m)	บริเวณน้ำตื้น	bor-rí-wayn náam dtêun
rápidos (m pl)	กระแสน้ำเชี่ยว	grà-sǎe náam-chîeow
barragem (f)	เขื่อน	khèuan
canal (m)	คลอง	khlorng
reservatório (m) de água	ที่เก็บกักน้ำ	thêe gèp gàk náam
eclusa (f)	ประตูระบายน้ำ	bprà-dtoo rá-baai náam

corpo (m) de água	พื้นน้ำ	phéun náam
pântano (m)	บึง	beung
tremedal (m)	หูวย	hûay
remoinho (m)	น้ำวน	nám won
arroio, regato (m)	ลำธาร	lam thaan
potável	น้ำดื่มได้	nám dèum dâai
doce (água)	น้ำจืด	nám jèut
gelo (m)	น้ำแข็ง	nám khăeng
congelar-se (vr)	แชแข็ง	châe khăeng

130. Nomes de rios

rio Sena (m)	แม่น้ำเซน	mâe náam sayn
rio Loire (m)	แมน้ำลัวร์	mâe-náam lua
rio Tamisa (m)	แม่น้ำเทมส์	mâe-náam them
rio Reno (m)	แม่น้ำไรน์	mâe-náam rai
rio Danúbio (m)	แมน้ำดานูบ	mâe-náam daa-nôop
rio Volga (m)	แม่น้ำวอลกา	mâe-náam won-gaa
rio Don (m)	แม่น้ำดอน	mâe-náam don
rio Lena (m)	แมน้ำลีนา	mâe-náam lee-naa
rio Amarelo (m)	แม่น้ำหวง	mâe-náam hŭang
rio Yangtzé (m)	แม่น้ำแยงซี	mâe-náam yaeng-see
rio Mekong (m)	แม่น้ำโขง	mâe-náam khŏhng
rio Ganges (m)	แมน้ำคงคา	mâe-náam khong-khaa
rio Nilo (m)	แม่น้ำไนล์	mâe-náam nai
rio Congo (m)	แม่น้ำคองโก	mâe-náam khong-goh
rio Cubango (m)	แม่น้ำโอคาวังโก	mâe-náam oh-khaa wang goh
rio Zambeze (m)	แม่น้ำแซมบีซี	mâe-náam saem bee see
rio Limpopo (m)	แม่น้ำลิมโปโป	mâe-náam lim-bpoh-bpoh
rio Mississípi (m)	แมน้ำมิสซิสซิปปี้	mâe-náam mít-sít-síp-bpee

131. Floresta

floresta (f), bosque (m)	ป่าไม้	bpàa máai
florestal	ป่า	bpàa
mata (f) cerrada	ป่าทึบ	bpàa théup
arvoredo (m)	ป่าละเมาะ	bpàa lá-mór
clareira (f)	ทุ่งโล่ง	thûng lôhng
matagal (f)	ป่าละเมาะ	bpàa lá-mór
mato (m)	ป่าละเมาะ	bpàa lá-mór
vereda (f)	ทางเดิน	thaang dern
ravina (f)	ร่องธาร	rông thaan

árvore (f)	ต้นไม้	dtôn máai
folha (f)	ใบไม้	bai máai
folhagem (f)	ใบไม้	bai máai
queda (f) das folha	ใบไม้ร่วง	bai máai rûang
cair (vi)	ร่วง	rûang
topo (m)	ยอด	yôrt
ramo (m)	กิ่ง	gìng
galho (m)	ก้านไม้	gâan mái
botão, rebento (m)	ยอดอ่อน	yôrt òrn
agulha (f)	เข็ม	khěm
pinha (f)	ลูกสน	lôok sŏn
buraco (m) de árvore	โพรงไม้	phrohng máai
ninho (m)	รัง	rang
toca (f)	โพรง	phrohng
tronco (m)	ลำต้น	lam dtôn
raiz (f)	ราก	râak
casca (f) de árvore	เปลือกไม้	bplèuak máai
musgo (m)	มอส	môt
arrancar pela raiz	ถอนราก	thŏrn râak
cortar (vt)	โค่น	khôhn
desflorestar (vt)	ตัดไม้ทำลายป่า	dtàt mái tham laai bpàa
toco, cepo (m)	ตอไม้	dtor máai
fogueira (f)	กองไฟ	gorng fai
incêndio (m) florestal	ไฟป่า	fai bpàa
apagar (vt)	ดับไฟ	dàp fai
guarda-florestal (m)	เจ้าหน้าที่ดูแลป่า	jâo nâa-thêe doo lae bpàa
proteção (f)	การปกป้อง	gaan bpòk bpôrng
proteger (a natureza)	ปกป้อง	bpòk bpôrng
caçador (m) furtivo	นักลอบล่าสัตว์	nák lôrp lâa sàt
armadilha (f)	กับดักเหล็ก	gàp dàk lèk
colher (cogumelos, bagas)	เก็บ	gèp
perder-se (vr)	หลงทาง	lŏng thaang

132. Recursos naturais

recursos (m pl) naturais	ทรัพยากรธรรมชาติ	sáp-pá-yaa-gon tham-má-châat
minerais (m pl)	แร่	râe
depósitos (m pl)	ตะกอน	dtà-gorn
jazida (f)	บ่อ	bòr
extrair (vt)	ขุดแร่	khùt râe
extração (f)	การขุดแร่	gaan khùt râe
minério (m)	แร่	râe
mina (f)	เหมืองแร่	měuang râe
poço (m) de mina	ช่องเหมือง	chôrng měuang

mineiro (m)	คนงานเหมือง	khon ngaan měuang
gás (m)	แกส	gáet
gasoduto (m)	ท่อแกส	thôr gáet
petróleo (m)	น้ำมัน	nám man
oleoduto (m)	ท่อน้ำมัน	thôr náam man
poço (m) de petróleo	บ่อน้ำมัน	bòr náam man
torre (f) petrolífera	ปั้นจั่นขนาดใหญ่	bpân jàn khà-nàat yài
petroleiro (m)	เรือบรรทุกน้ำมัน	reua ban-thúk nám man
areia (f)	ทราย	saai
calcário (m)	หินปูน	hǐn bpoon
cascalho (m)	กรวด	grùat
turfa (f)	พีต	phêet
argila (f)	ดินเหนียว	din nǐeow
carvão (m)	ถ่านหิน	thàan hǐn
ferro (m)	เหล็ก	lèk
ouro (m)	ทอง	thorng
prata (f)	เงิน	ngern
níquel (m)	นิเกิล	ní-gêrn
cobre (m)	ทองแดง	thorng daeng
zinco (m)	สังกะสี	sǎng-gà-sěe
manganês (m)	แมงกานีส	maeng-gaa-nêet
mercúrio (m)	ปรอท	bpa -ròrt
chumbo (m)	ตะกั่ว	dtà-gùa
mineral (m)	แร่	râe
cristal (m)	ผลึก	phà-lèuk
mármore (m)	หินอ่อน	hǐn òrn
urânio (m)	ยูเรเนียม	yoo-ray-niam

A Terra. Parte 2

133. Tempo

tempo (m)	สภาพอากาศ	sà-phâap aa-gàat
previsão (f) do tempo	พยากรณ์	phá-yaa-gon
	สภาพอากาศ	sà-phâap aa-gàat
temperatura (f)	อุณหภูมิ	un-hà-phoom
termómetro (m)	ปรอทวัดอุณหภูมิ	bpà-ròrt wát un-hà-phoom
barómetro (m)	เครื่องวัดความดัน	khrêuang wát khwaam dan
	บรรยากาศ	ban-yaa-gàat
húmido	ชื้น	chéun
humidade (f)	ความชื้น	khwaam chéun
calor (m)	ความร้อน	khwaam rórn
cálido	ร้อน	rórn
está muito calor	มันร้อน	man rórn
está calor	มันอุ่น	man ùn
quente	อุ่น	ùn
está frio	อากาศเย็น	aa-gàat yen
frio	เย็น	yen
sol (m)	ดวงอาทิตย์	duang aa-thít
brilhar (vi)	สองแสง	sòrng săeng
de sol, ensolarado	มีแสงแดด	mee săeng dàet
nascer (vi)	ขึ้น	khêun
pôr-se (vr)	ตก	dtòk
nuvem (f)	เมฆ	mâyk
nublado	มีเมฆมาก	mee mâyk mâak
nuvem (f) preta	เมฆฝน	mâyk fŏn
escuro, cinzento	มืดครึ้ม	mêut khréum
chuva (f)	ฝน	fŏn
está a chover	ฝนตก	fŏn dtòk
chuvoso	ฝนตก	fŏn dtòk
chuviscar (vi)	ฝนปรอย	fŏn bproi
chuva (f) torrencial	ฝนตกหนัก	fŏn dtòk nàk
chuvada (f)	ฝนหาใหญ่	fŏn hàa yài
forte (chuva)	หนัก	nàk
poça (f)	หลุมน้ำ	lòm nám
molhar-se (vr)	เปียก	bpìak
nevoeiro (m)	หมอก	mòrk
de nevoeiro	หมอกจัด	mòrk jàt
neve (f)	หิมะ	hì-má
está a nevar	หิมะตก	hì-má dtòk

134. Tempo extremo. Catástrofes naturais

trovoada (f)	พายุฟ้าคะนอง	phaa-yú fáa khá-nong
relâmpago (m)	ฟ้าผ่า	fáa phàa
relampejar (vi)	แลบ	lâep
trovão (m)	ฟ้าคะนอง	fáa khá-norng
trovejar (vi)	มีฟ้าคะนอง	mee fáa khá-norng
está a trovejar	มีฟ้าร้อง	mee fáa rórng
granizo (m)	ลูกเห็บ	lôok hèp
está a cair granizo	มีลูกเห็บตก	mee lôok hèp dtòk
inundar (vt)	ท่วม	thûam
inundação (f)	น้ำท่วม	nám thûam
terremoto (m)	แผ่นดินไหว	phàen din wǎi
abalo, tremor (m)	ไหว	wǎi
epicentro (m)	จุดเหนือศูนย์แผ่นดินไหว	jùt něua sǒon phàen din wǎi
erupção (f)	ภูเขาไฟระเบิด	phoo khǎo fai rá-bèrt
lava (f)	ลาวา	laa-waa
turbilhão (m)	พายุหมุน	phaa-yú mǔn
tornado (m)	พายุทอร์นาโด	phaa-yú thor-nay-doh
tufão (m)	พายุไต้ฝุ่น	phaa-yú dtâi fùn
furacão (m)	พายุเฮอร์ริเคน	phaa-yú her-rí-khayn
tempestade (f)	พายุ	phaa-yú
tsunami (m)	คลื่นสึนามิ	khlêun sèu-naa-mí
ciclone (m)	พายุไซโคลน	phaa-yú sai-khlohn
mau tempo (m)	อากาศไม่ดี	aa-gàat mâi dee
incêndio (m)	ไฟไหม้	fai mâi
catástrofe (f)	ความหายนะ	khwaam hǎa-yá-ná
meteorito (m)	อุกกาบาต	ùk-gaa-bàat
avalanche (f)	หิมะถล่ม	hì-má thà-lòm
deslizamento (f) de neve	หิมะถล่ม	hì-má thà-lòm
nevasca (f)	พายุหิมะ	phaa-yú hì-má
tempestade (f) de neve	พายุหิมะ	phaa-yú hì-má

Fauna

135. Mamíferos. Predadores

predador (m)	สัตว์กินเนื้อ	sàt gin néua
tigre (m)	เสือ	sĕua
leão (m)	สิงโต	sĭng dtoh
lobo (m)	หมาป่า	măa bpàa
raposa (f)	หมาจิ้งจอก	măa jîng-jòk
jaguar (m)	เสือจากัวร์	sĕua jaa-gua
leopardo (m)	เสือดาว	sĕua daao
chita (f)	เสือชีตาห์	sĕua chee-dtaa
pantera (f)	เสือดำ	sĕua dam
puma (m)	สิงโตภูเขา	sĭng-dtoh phoo khăo
leopardo-das-neves (m)	เสือดาวหิมะ	sĕua daao hì-má
lince (m)	แมวป่า	maew bpàa
coiote (m)	โคโยตี้	khoh-yoh-dtêe
chacal (m)	หมาจิ้งจอกทอง	măa jîng-jòk thorng
hiena (f)	ไฮยีนา	hai-yee-naa

136. Animais selvagens

animal (m)	สัตว์	sàt
besta (f)	สัตว์	sàt
esquilo (m)	กระรอก	grà rôk
ouriço (m)	เม่น	mâyn
lebre (f)	กระต่ายป่า	grà-dtàai bpàa
coelho (m)	กระต่าย	grà-dtàai
texugo (m)	แบดเจอร์	baet-jer
guaxinim (m)	แร็คคูน	ráek khoon
hamster (m)	หนูแฮมสเตอร์	nŏo haem-sà-dtêr
marmota (f)	มาร์มอต	maa-môt
toupeira (f)	ตุ่น	dtùn
rato (m)	หนู	nŏo
ratazana (f)	หนู	nŏo
morcego (m)	ค้างคาว	kháang khaao
arminho (m)	เออร์มิน	er-min
zibelina (f)	เซเบิล	say bern
marta (f)	มาร์เทิน	maa thern
doninha (f)	เพียงพอนสีน้ำตาล	phiang phon sĕe nám dtaan
vison (m)	เพียงพอน	phiang phorn

castor (m)	บีเวอร์	bee-wer
lontra (f)	นาก	nâak
cavalo (m)	ม้า	máa
alce (m) americano	กวางมูส	gwaang môot
veado (m)	กวาง	gwaang
camelo (m)	อูฐ	òot
bisão (m)	วัวป่า	wua bpàa
auroque (m)	วัวป่าออรอซ	wua bpàa or rôt
búfalo (m)	ควาย	khwaai
zebra (f)	ม้าลาย	máa laai
antílope (m)	แอนทีโลป	aen-thi-lòp
corça (f)	กวางโรเดียร์	gwaang roh-dia
gamo (m)	กวางแฟลโลว์	gwaang flae-loh
camurça (f)	เลียงผา	liang-phăa
javali (m)	หมูป่า	mŏo bpàa
baleia (f)	วาฬ	waan
foca (f)	แมวน้ำ	maew náam
morsa (f)	ช้างน้ำ	cháang náam
urso-marinho (m)	แมวน้ำมีขน	maew náam mee khŏn
golfinho (m)	โลมา	loh-maa
urso (m)	หมี	mĕe
urso (m) branco	หมีขั้วโลก	mĕe khûa lôhk
panda (m)	หมีแพนด้า	mĕe phaen-dâa
macaco (em geral)	ลิง	ling
chimpanzé (m)	ลิงชิมแปนซี	ling chim-bpaen-see
orangotango (m)	ลิงอุรังอุตัง	ling u-rang-u-dtang
gorila (m)	ลิงกอริลลา	ling gor-rin-lâa
macaco (m)	ลิงแม็กแคก	ling mâk-khâk
gibão (m)	ชะนี	chá-nee
elefante (m)	ช้าง	cháang
rinoceronte (m)	แรด	râet
girafa (f)	ยีราฟ	yee-râaf
hipopótamo (m)	ฮิปโปโปเตมัส	híp-bpoh-bpoh-dtay-mát
canguru (m)	จิงโจ้	jing-jôh
coala (m)	หมีโคอาล่า	mĕe khoh aa lâa
mangusto (m)	พังพอน	phang phon
chinchila (f)	ชินคิลลา	khin-khin laa
doninha-fedorenta (f)	สกังก์	sà-gang
porco-espinho (m)	เม่น	mâyn

137. Animais domésticos

gata (f)	แมวตัวเมีย	maew dtua mia
gato (m) macho	แมวตัวผู้	maew dtua phôo
cão (m)	สุนัข	sù-nák

cavalo (m)	ม้า	máa
garanhão (m)	ม้าตัวผู้	máa dtua phôo
égua (f)	ม้าตัวเมีย	máa dtua mia

vaca (f)	วัว	wua
touro (m)	กระทิง	grà-thing
boi (m)	วัว	wua

ovelha (f)	แกะตัวเมีย	gàe dtua mia
carneiro (m)	แกะตัวผู้	gàe dtua phôo
cabra (f)	แพะตัวเมีย	pháe dtua mia
bode (m)	แพะตัวผู้	pháe dtua phôo

| burro (m) | ลา | laa |
| mula (f) | ลอ | lŏr |

porco (m)	หมู	mŏo
porquinho (m)	ลูกหมู	lôok mŏo
coelho (m)	กระต่าย	grà-dtàai

| galinha (f) | ไก่ตัวเมีย | gài dtua mia |
| galo (m) | ไก่ตัวผู้ | gài dtua phôo |

pato (m), pata (f)	เป็ดตัวเมีย	bpèt dtua mia
pato (macho)	เป็ดตัวผู้	bpèt dtua phôo
ganso (m)	ห่าน	hàan

| peru (m) | ไก่งวงตัวผู้ | gài nguang dtua phôo |
| perua (f) | ไก่งวงตัวเมีย | gài nguang dtua mia |

animais (m pl) domésticos	สัตว์เลี้ยง	sàt líang
domesticado	เลี้ยง	líang
domesticar (vt)	เชื่อง	chêuang
criar (vt)	ขยายพันธุ์	khà-yăai phan

quinta (f)	ฟาร์ม	faam
aves (f pl) domésticas	สัตว์ปีก	sàt bpèek
gado (m)	วัวควาย	wua khwaai
rebanho (m), manada (f)	ฝูง	fŏong

estábulo (m)	คอกม้า	khôrk máa
pocilga (f)	คอกหมู	khôrk mŏo
estábulo (m)	คอกวัว	khôrk wua
coelheira (f)	คอกกระต่าย	khôrk grà-dtàai
galinheiro (m)	เล้าไก่	láo gài

138. Pássaros

pássaro, ave (m)	นก	nók
pombo (m)	นกพิราบ	nók phí-râap
pardal (m)	นกกระจิบ	nók grà-jìp
chapim-real (m)	นกติด	nók dtít
pega-rabuda (f)	นกสาลิกา	nók săa-lí gaa
corvo (m)	นกอีกา	nók ee-gaa

gralha (f) cinzenta	นกกา	nók gaa
gralha-de-nuca-cinzenta (f)	นกจำพวกกา	nók jam phûak gaa
gralha-calva (f)	นกการูค	nók gaa róok
pato (m)	เป็ด	bpèt
ganso (m)	ห่าน	hàan
faisão (m)	ไก่ฟ้า	gài fáa
águia (f)	นกอินทรี	nók in-see
açor (m)	นกเหยี่ยว	nók yìeow
falcão (m)	นกเหยี่ยว	nók yìeow
abutre (m)	นกแร้ง	nók ráeng
condor (m)	นกแร้งขนาดใหญ่	nók ráeng kà-nàat yài
cisne (m)	นกหงส์	nók hŏng
grou (m)	นกกระเรียน	nók grà rian
cegonha (f)	นกกระสา	nók grà-săa
papagaio (m)	นกแก้ว	nók gâew
beija-flor (m)	นกฮัมมิ่งเบิร์ด	nók ham-mîng-bèrt
pavão (m)	นกยูง	nók yoong
avestruz (f)	นกกระจอกเทศ	nók grà-jòrk-thâyt
garça (f)	นกยาง	nók yaang
flamingo (m)	นกฟลามิงโก	nók flaa-ming-goh
pelicano (m)	นกกระทุง	nók-grà-thung
rouxinol (m)	นกไนติงเกล	nók-nai-dting-gayn
andorinha (f)	นกนางแอ่น	nók naang-àen
tordo-zornal (m)	นกเดินดง	nók dern dong
tordo-músico (m)	นกเดินดงร้องเพลง	nók dern dong rórng phlayng
melro-preto (m)	นกเดินดงสีดำ	nók-dern-dong sĕe dam
andorinhão (m)	นกแอ่น	nók àen
cotovia (f)	นกลาร์ค	nók lâak
codorna (f)	นกคุ่ม	nók khûm
pica-pau (m)	นกหัวขวาน	nók hŭa khwăan
cuco (m)	นกดุเหว่า	nók dù hăy wâa
coruja (f)	นกฮูก	nók hôok
corujão, bufo (m)	นกฮูกเค้าใหญ่	nók kháo yài
tetraz-grande (m)	ไก่ป่า	gài bpàa
tetraz-lira (m)	ไก่ดำ	gài dam
perdiz-cinzenta (f)	นกกระทา	nók-grà-thaa
estorninho (m)	นกกิ้งโครง	nók-gîng-khrohng
canário (m)	นกขมิ้น	nók khà-mîn
galinha-do-mato (f)	ไก่น้ำตาล	gài nám dtaan
tentilhão (m)	นกจาบ	nók-jàap
dom-fafe (m)	นกบูลฟินช์	nók boon-fin
gaivota (f)	นกนางนวล	nók naang-nuan
albatroz (m)	นกอัลบาทรอส	nók an-baa-thrôt
pinguim (m)	นกเพนกวิน	nók phayn-gwin

139. Peixes. Animais marinhos

brema (f)	ปลาบรีม	bplaa bpreem
carpa (f)	ปลาคาร์ป	bplaa khâap
perca (f)	ปลาเพิร์ช	bplaa phêrt
siluro (m)	ปลาดุก	bplaa-dùk
lúcio (m)	ปลาไพค์	bplaa phai
salmão (m)	ปลาแซลมอน	bplaa saen-morn
esturjão (m)	ปลาสเตอร์เจียน	bpláa sà-dtêr jian
arenque (m)	ปลาเฮอร์ริง	bplaa her-ring
salmão (m)	ปลาแซลมอนแอตแลนติก	bplaa saen-mon àet-laen-dtìk
cavala, sarda (f)	ปลาซาบะ	bplaa saa-bà
solha (f)	ปลาลิ้นหมา	bplaa lín-măa
lúcio perca (m)	ปลาไพค์เพิร์ช	bplaa phái phert
bacalhau (m)	ปลาค็อด	bplaa khót
atum (m)	ปลาทูน่า	bplaa thoo-nâa
truta (f)	ปลาเทราท์	bplaa thrau
enguia (f)	ปลาไหล	bplaa lăi
raia elétrica (f)	ปลากระเบนไฟฟ้า	bplaa grà-bayn-fai-fáa
moreia (f)	ปลาไหลมอเรย์	bplaa lăi mor-ray
piranha (f)	ปลาปิรันยา	bplaa bpì-ran-yâa
tubarão (m)	ปลาฉลาม	bplaa chà-lăam
golfinho (m)	โลมา	loh-maa
baleia (f)	วาฬ	waan
caranguejo (m)	ปู	bpoo
medusa, alforreca (f)	แมงกะพรุน	maeng gà-phrun
polvo (m)	ปลาหมึก	bplaa mèuk
estrela-do-mar (f)	ปลาดาว	bplaa daao
ouriço-do-mar (m)	หอยเม่น	hŏi mâyn
cavalo-marinho (m)	ม้าน้ำ	máa nám
ostra (f)	หอยนางรม	hŏi naang rom
camarão (m)	กุ้ง	gûng
lavagante (m)	กุ้งมังกร	gûng mang-gon
lagosta (f)	กุ้งมังกร	gûng mang-gon

140. Amfíbios. Répteis

serpente, cobra (f)	งู	ngoo
venenoso	พิษ	phít
víbora (f)	งูแมวเซา	ngoo maew sao
cobra-capelo, naja (f)	งูเห่า	ngoo hào
pitão (m)	งูเหลือม	ngoo lĕuam
jiboia (f)	งูโบอา	ngoo boh-aa
cobra-de-água (f)	งูเล็กที่ไม่เป็นอันตราย	ngoo lék thêe mâi bpen an-dtà-raai

cascavel (f)	งูหางกระดิ่ง	ngoo hăang grà-dìng
anaconda (f)	งูอนาคอนดา	ngoo a -naa-khon-daa
lagarto (m)	กิ้งก่า	gîng-gàa
iguana (f)	อีกัวนา	ee gua naa
varano (m)	กิ้งกามอนิเตอร์	gîng-gàa mor-ní-dtêr
salamandra (f)	ซาลาแมนเดอร์	saa-laa-maen-dêr
camaleão (m)	กิ้งกาคามิเลียน	gîng-gàa khaa-mí-lian
escorpião (m)	แมงป่อง	maeng bpòrng
tartaruga (f)	เต่า	dtào
rã (f)	กบ	gòp
sapo (m)	คางคก	khaang-kók
crocodilo (m)	จระเข้	jor-rá-khây

141. Insetos

inseto (m)	แมลง	má-laeng
borboleta (f)	ผีเสื้อ	phĕe sêua
formiga (f)	มด	mót
mosca (f)	แมลงวัน	má-laeng wan
mosquito (m)	ยุง	yung
escaravelho (m)	แมลงปีกแข็ง	má-laeng bpèek khăeng
vespa (f)	ต่อ	dtòr
abelha (f)	ผึ้ง	phêung
zangão (m)	ผึ้งบัมเบิลบี	phêung bam-bern bee
moscardo (m)	เหลือบ	lèuap
aranha (f)	แมงมุม	maeng mum
teia (f) de aranha	ใยแมงมุม	yai maeng mum
libélula (f)	แมลงปอ	má-laeng bpor
gafanhoto-do-campo (m)	ตั๊กแตน	dták-gà-dtaen
traça (f)	ผีเสื้อกลางคืน	phĕe sêua glaang kheun
barata (f)	แมลงสาบ	má-laeng sàap
carraça (f)	เห็บ	hèp
pulga (f)	หมัด	màt
borrachudo (m)	ริ้น	rín
gafanhoto (m)	ตั๊กแตน	dták-gà-dtaen
caracol (m)	หอยทาก	hŏi thâak
grilo (m)	จิ้งหรีด	jîng-rèet
pirilampo (m)	หิ่งห้อย	hìng-hôi
joaninha (f)	แมลงเต่าทอง	má-laeng dtào thorng
besouro (m)	แมงอีนูน	maeng ee noon
sanguessuga (f)	ปลิง	bpling
lagarta (f)	บุ้ง	bûng
minhoca (f)	ไส้เดือน	sâi deuan
larva (f)	ตัวอ่อน	dtua òrn

Flora

142. Árvores

árvore (f)	ต้นไม้	dtôn máai
decídua	ผลัดใบ	phlàt bai
conífera	สน	sǒn
perene	ซึ่งเขียวชอุ่มตลอดปี	sêung khǐeow chá-ùm dtà-lòrt bpee

macieira (f)	ต้นแอปเปิ้ล	dtôn àep-bpêrn
pereira (f)	ต้นแพร์	dtôn phae
cerejeira (f)	ต้นเชอร์รี่ป่า	dtôn cher-rêe bpàa
ginjeira (f)	ต้นเชอร์รี่	dtôn cher-rêe
ameixeira (f)	ตนพลัม	dtôn phlam

bétula (f)	ต้นเบิร์ช	dtôn bèrt
carvalho (m)	ต้นโอ๊ค	dtôn óhk
tília (f)	ตนไม้ดอกเหลือง	dtôn máai dòrk lěuang

choupo-tremedor (m)	ต้นแอสเพน	dtôn ae sà-phayn
bordo (m)	ตนเมเปิล	dtôn may bpêrn

espruce-europeu (m)	ต้นเฟอร์	dtôn fer
pinheiro (m)	ต้นเกี๊ยะ	dtôn gía
alerce, lariço (m)	ตนลารช	dtôn lâat

abeto (m)	ต้นเฟอร์	dtôn fer
cedro (m)	ตนซีดาร์	dtôn-see-daa

choupo, álamo (m)	ต้นปอปลาร์	dtôn bpor-bplaa
tramazeira (f)	ตนโรแวน	dtôn-roh-waen

salgueiro (m)	ต้นวิลโลว์	dtôn win-loh
amieiro (m)	ตนอัลเดอร์	dtôn an-dêr

faia (f)	ต้นบีช	dtôn bèet
ulmeiro (m)	ตนเอล์ม	dtôn elm

freixo (m)	ต้นแอช	dtôn aesh
castanheiro (m)	ตนเกาลัด	dtôn gao lát

magnólia (f)	ต้นแมกโนเลีย	dtôn mâek-noh-lia
palmeira (f)	ต้นปาล์ม	dtôn bpaam
cipreste (m)	ตนไซเปรส	dtôn-sai-bpràyt

mangue (m)	ต้นโกงกาง	dtôn gohng gaang
embondeiro, baobá (m)	ต้นเบาบับ	dtôn bao-bàp
eucalipto (m)	ต้นยูคาลิปตัส	dtôn yoo-khaa-líp-dtàt
sequoia (f)	ตนสนซีควัยา	dtôn sǒn see kua yaa

143. Arbustos

arbusto (m)	พุ่มไม้	phûm máai
arbusto (m), moita (f)	ต้นไม้พุ่ม	dtôn máai phûm
videira (f)	ต้นองุ่น	dtôn a-ngùn
vinhedo (m)	ไร่องุ่น	râi a-ngùn
framboeseira (f)	พุ่มราสเบอร์รี่	phûm râat-ber-rêe
groselheira-preta (f)	พุ่มแบล็คเคอร์แรนท์	phûm blàek-khêr-raen
groselheira-vermelha (f)	พุ่มเรดเคอร์แรนท์	phûm râyt-khêr-raen
groselheira (f) espinhosa	พุ่มกูสเบอร์รี่	phûm gòot-ber-rêe
acácia (f)	ต้นอาเคเชีย	dtôn aa-khay-chia
bérberis (f)	ต้นบาร์เบอร์รี่	dtôn baa-ber-rêe
jasmim (m)	มะลิ	má-lí
junípero (m)	ต้นจูนิเปอร์	dtôn joo-ní-bper
roseira (f)	พุ่มกุหลาบ	phûm gù làap
roseira (f) brava	พุ่มดอกโรส	phûm dòrk-rôht

144. Frutos. Bagas

fruta (f)	ผลไม้	phǒn-lá-máai
frutas (f pl)	ผลไม้	phǒn-lá-máai
maçã (f)	แอปเปิ้ล	àep-bpêrn
pera (f)	ลูกแพร	lôok phae
ameixa (f)	พลัม	phlam
morango (m)	สตรอว์เบอร์รี่	sà-dtror-ber-rêe
ginja (f)	เชอร์รี่	cher-rêe
cereja (f)	เชอร์รี่ป่า	cher-rêe bpàa
uva (f)	องุ่น	a-ngùn
framboesa (f)	ราสเบอร์รี่	râat-ber-rêe
groselha (f) preta	แบล็คเคอร์แรนท์	blàek khêr-raen
groselha (f) vermelha	เรดเคอร์แรนท์	râyt-khêr-raen
groselha (f) espinhosa	กูสเบอร์รี่	gòot-ber-rêe
oxicoco (m)	แครนเบอร์รี่	khraen-ber-rêe
laranja (f)	ส้ม	sôm
tangerina (f)	ส้มแมนดาริน	sôm maen daa rin
ananás (m)	สับปะรด	sàp-bpà-rót
banana (f)	กล้วย	glûay
tâmara (f)	อินทผลัม	in-thá-phâ-lam
limão (m)	เลมอน	lay-mon
damasco (m)	แอปริคอท	ae-bprì-khôrt
pêssego (m)	ลูกท้อ	lôok thór
kiwi (m)	กีวี	gee wee
toranja (f)	ส้มโอ	sôm oh
baga (f)	เบอร์รี่	ber-rêe

bagas (f pl)	เบอร์รี่	ber-rêe
arando (m) vermelho	คาวเบอร์รี่	khaao-ber-rêe
morango-silvestre (m)	สตรอว์เบอร์รี่ป่า	sá-dtrorw ber-rêe bpàa
mirtilo (m)	บิลเบอร์รี่	bil-ber-rêe

145. Flores. Plantas

flor (f)	ดอกไม้	dòrk máai
ramo (m) de flores	ช่อดอกไม้	chôr dòrk máai
rosa (f)	ดอกกุหลาบ	dòrk gù làap
tulipa (f)	ดอกทิวลิป	dòrk thiw-líp
cravo (m)	ดอกคาร์เนชั่น	dòrk khaa-nay-chân
gladíolo (m)	ดอกแกลดิโอลัส	dòrk gaen-dì-oh-lát
centáurea (f)	ดอกคอร์นฟลาวเวอร์	dòrk khon-flaao-wer
campânula (f)	ดอกระฆัง	dòrk rá-khang
dente-de-leão (m)	ดอกแดนดิไลออน	dòrk daen-dì-lai-on
camomila (f)	ดอกคาโมมายล์	dòrk khaa-moh maai
aloé (m)	ว่านหางจระเข้	wâan-hăang-jor-rá-khây
cato (m)	ตะบองเพชร	dtà-bong-phét
fícus (m)	ต้นเลียบ	dtôn lîap
lírio (m)	ดอกลิลลี่	dòrk lí-lêe
gerânio (m)	ดอกเจอราเนียม	dòrk jer-raa-niam
jacinto (m)	ดอกไฮอะซินท์	dòrk hai-a-sin
mimosa (f)	ดอกไมยราบ	dòrk mai râap
narciso (m)	ดอกนาร์ซิสซัส	dòrk naa-sít-sát
capuchinha (f)	ดอกแนสเตอร์ชัม	dòrk nâet-dtêr-cham
orquídea (f)	ดอกกล้วยไม้	dòrk glûay máai
peónia (f)	ดอกโบตั๋น	dòrk boh-dtăn
violeta (f)	ดอกไวโอเล็ต	dòrk wai-oh-lét
amor-perfeito (m)	ดอกแพนซี	dòrk phaen-see
não-me-esqueças (m)	ดอกฟอร์เก็ตมีน็อต	dòrk for-gèt-mee-nót
margarida (f)	ดอกเดซี	dòrk day see
papoula (f)	ดอกป๊อปปี้	dòrk bpóp-bpêe
cânhamo (m)	กัญชา	gan chaa
hortelã (f)	สะระแหน่	sà-rá-nàe
lírio-do-vale (m)	ดอกลิลลี่แห่งหุบเขา	dòrk lí-lá-lêe hàeng hùp khăo
campânula-branca (f)	ดอกหยาดหิมะ	dòrk yàat hì-má
urtiga (f)	ตำแย	dtam-yae
azeda (f)	ซอร์เรล	sor-rayn
nenúfar (m)	บัว	bua
feto (m), samambaia (f)	เฟิร์น	fern
líquen (m)	ไลเคน	lai-khayn
estufa (f)	เรือนกระจก	reuan grà-jòk
relvado (m)	สนามหญ้า	sà-năam yâa

canteiro (m) de flores	สนามดอกไม้	sà-nǎam-dòrk-máai
planta (f)	พืช	phêut
erva (f)	หญ้า	yâa
folha (f) de erva	ใบหญ้า	bai yâa
folha (f)	ใบไม้	bai máai
pétala (f)	กลีบดอก	glèep dòrk
talo (m)	ลำต้น	lam dtôn
tubérculo (m)	หัวใต้ดิน	hǔa dtâi din
broto, rebento (m)	ต้นอ่อน	dtôn òrn
espinho (m)	หนาม	nǎam
florescer (vi)	บาน	baan
murchar (vi)	เหี่ยว	hìeow
cheiro (m)	กลิ่น	glìn
cortar (flores)	ตัด	dtàt
colher (uma flor)	เด็ด	dèt

146. Cereais, grãos

grão (m)	เมล็ด	má-lét
cereais (plantas)	ธัญพืช	than-yá-phêut
espiga (f)	รวงข้าว	ruang khâao
trigo (m)	ข้าวสาลี	khâao sǎa-lee
centeio (m)	ข้าวไรย์	khâao rai
aveia (f)	ข้าวโอ๊ต	khâao óht
milho-miúdo (m)	ข้าวฟ่าง	khâao fâang
cevada (f)	ข้าวบาร์เลย์	khâao baa-lây
milho (m)	ข้าวโพด	khâao-phôht
arroz (m)	ข้าว	khâao
trigo-sarraceno (m)	บัควีท	bàk-wêet
ervilha (f)	ถั่วลันเตา	thùa-lan-dtao
feijão (m)	ถั่วรูปไต	thùa rôop dtai
soja (f)	ถั่วเหลือง	thùa lěuang
lentilha (f)	ถั่วเลนทิล	thùa layn thin
fava (f)	ถั่ว	thùa

PAÍSES. NACIONALIDADES

147. Europa Ocidental

Europa (f)	ยุโรป	yú-ròhp
União (f) Europeia	สหภาพยุโรป	sà-hà phâap yú-rôhp
Áustria (f)	ประเทศออสเตรีย	bprà-thâyt òt-dtria
Grã-Bretanha (f)	บริเตนใหญ่	brì-dtayn yài
Inglaterra (f)	ประเทศอังกฤษ	bprà-thâyt ang-grìt
Bélgica (f)	ประเทศเบลเยียม	bprà-thâyt bayn-yiam
Alemanha (f)	ประเทศเยอรมนี	bprà-thâyt yer-rá-ma-nee
Países (m pl) Baixos	ประเทศเนเธอร์แลนด์	bprà-thâyt nay-ther-laen
Holanda (f)	ประเทศฮอลแลนด์	bprà-thâyt hon-laen
Grécia (f)	ประเทศกรีซ	bprà-thâyt grèet
Dinamarca (f)	ประเทศเดนมาร์ก	bprà-thâyt dayn-màak
Irlanda (f)	ประเทศไอร์แลนด์	bprà-thâyt ai-laen
Islândia (f)	ประเทศไอซ์แลนด์	bprà-thâyt ai-laen
Espanha (f)	ประเทศสเปน	bprà-thâyt sà-bpayn
Itália (f)	ประเทศอิตาลี	bprà-thâyt i-dtaa-lee
Chipre (m)	ประเทศไซปรัส	bprà-thâyt sai-bpràt
Malta (f)	ประเทศมอลตา	bprà-thâyt mon-dtaa
Noruega (f)	ประเทศนอร์เวย์	bprà-thâyt nor-way
Portugal (m)	ประเทศโปรตุเกส	bprà-thâyt bproh-dtù-gàyt
Finlândia (f)	ประเทศฟินแลนด์	bprà-thâyt fin-laen
França (f)	ประเทศฝรั่งเศส	bprà-thâyt fà-ràng-sàyt
Suécia (f)	ประเทศสวีเดน	bprà-thâyt sà-wěe-dayn
Suíça (f)	ประเทศสวิตเซอร์แลนด์	bprà-thâyt sà-wìt-sêr-laen
Escócia (f)	ประเทศสก็อตแลนด์	bprà-thâyt sà-gòt-laen
Vaticano (m)	นครรัฐวาติกัน	ná-khon rát waa-dtì-gan
Liechtenstein (m)	ประเทศลิกเตนสไตน์	bprà-thâyt lík-tay-ná-sà-dtai
Luxemburgo (m)	ประเทศลักเซมเบิร์ก	bprà-thâyt lák-saym-bèrk
Mónaco (m)	ประเทศโมนาโก	bprà-thâyt moh-naa-goh

148. Europa Central e de Leste

Albânia (f)	ประเทศแอลเบเนีย	bprà-thâyt aen-bay-nia
Bulgária (f)	ประเทศบัลแกเรีย	bprà-thâyt ban-gae-ria
Hungria (f)	ประเทศฮังการี	bprà-thâyt hang-gaa-ree
Letónia (f)	ประเทศลัตเวีย	bprà-thâyt lát-wia
Lituânia (f)	ประเทศลิทัวเนีย	bprà-thâyt lí-thua-nia
Polónia (f)	ประเทศโปแลนด์	bprà-thâyt bpoh-laen

Roménia (f)	ประเทศโรมาเนีย	bprà-thâyt roh-maa-nia
Sérvia (f)	ประเทศเซอร์เบีย	bprà-thâyt sêr-bia
Eslováquia (f)	ประเทศสโลวาเกีย	bprà-thâyt sà-loh-waa-gia
Croácia (f)	ประเทศโครเอเชีย	bprà-thâyt khroh-ay-chia
República (f) Checa	ประเทศเช็กเกีย	bprà-thâyt chék-gia
Estónia (f)	ประเทศเอสโตเนีย	bprà-thâyt àyt-dtoh-nia
Bósnia e Herzegovina (f)	ประเทศบอสเนีย และเฮอร์เซโกวีนา	bprà-thâyt bòt-nia láe her-say-goh-wí-naa
Macedónia (f)	ประเทศมาซิโดเนีย	bprà-thâyt maa-sí-doh-nia
Eslovénia (f)	ประเทศสโลวีเนีย	bprà-thâyt sà-loh-wee-nia
Montenegro (m)	ประเทศ มอนเตเนโกร	bprà-thâyt mon-dtay-nay-groh

149. Países da ex-URSS

Azerbaijão (m)	ประเทศอาเซอร์ไบจาน	bprà-thâyt aa-sêr-bai-jaan
Arménia (f)	ประเทศอาร์เมเนีย	bprà-thâyt aa-may-nia
Bielorrússia (f)	ประเทศเบลารุส	bprà-thâyt blao-rút
Geórgia (f)	ประเทศจอร์เจีย	bprà-thâyt jor-jia
Cazaquistão (m)	ประเทศคาซัคสถาน	bprà-thâyt khaa-sák-sà-thăan
Quirguistão (m)	ประเทศ คีร์กีซสถาน	bprà-thâyt khee-gèet-à-thăan
Moldávia (f)	ประเทศมอลโดวา	bprà-thâyt mon-doh-waa
Rússia (f)	ประเทศรัสเซีย	bprà-thâyt rát-sia
Ucrânia (f)	ประเทศยูเครน	bprà-thâyt yoo-khrayn
Tajiquistão (m)	ประเทศทาจิกิสถาน	bprà-thâyt thaa-jì-gìt-thăan
Turquemenistão (m)	ประเทศ เติร์กเมนิสถาน	bprà-thâyt dtèrk-may-nít-thăan
Uzbequistão (f)	ประเทศอุซเบกิสถาน	bprà-thâyt ùt-bay-gìt-thăan

150. Asia

Ásia (f)	เอเชีย	ay-chia
Vietname (m)	ประเทศเวียดนาม	bprà-thâyt wîat-naam
Índia (f)	ประเทศอินเดีย	bprà-thâyt in-dia
Israel (m)	ประเทศอิสราเอล	bprà-thâyt ìt-sà-răa-ayn
China (f)	ประเทศจีน	bprà-thâyt jeen
Líbano (m)	ประเทศเลบานอน	bprà-thâyt lay-baa-non
Mongólia (f)	ประเทศมองโกเลีย	bprà-thâyt mong-goh-lia
Malásia (f)	ประเทศมาเลเซีย	bprà-thâyt maa-lay-sia
Paquistão (m)	ประเทศปากีสถาน	bprà-thâyt bpaa-gèet-thăan
Arábia (f) Saudita	ประเทศ ซาอุดีอาราเบีย	bprà-thâyt saa-u-dì aa-ra--bia
Tailândia (f)	ประเทศไทย	bprà-tâyt thai

Taiwan (m)	ไต้หวัน	dtâi-wăn
Turquia (f)	ประเทศตุรกี	bprà-thâyt dtù-rá-gee
Japão (m)	ประเทศญี่ปุ่น	bprà-thâyt yêe-bpùn

Afeganistão (m)	ประเทศอัฟกานิสถาน	bprà-thâyt àf-gaa-nít-thăan
Bangladesh (m)	ประเทศบังคลาเทศ	bprà-thâyt bang-khlaa-thâyt
Indonésia (f)	ประเทศอินโดนีเซีย	bprà-thâyt in-doh-nee-sia
Jordânia (f)	ประเทศจอรแดน	bprà-thâyt jor-daen

Iraque (m)	ประเทศอิรัก	bprà-thâyt i-rák
Irão (m)	ประเทศอิหราน	bprà-thâyt i-ràan
Camboja (f)	ประเทศกัมพูชา	bprà-thâyt gam-phoo-chaa
Kuwait (m)	ประเทศคูเวต	bprà-thâyt khoo-wâyt

Laos (m)	ประเทศลาว	bprà-thâyt laao
Myanmar (m), Birmânia (f)	ประเทศเมียนมาร์	bprà-thâyt mian-maa
Nepal (m)	ประเทศเนปาล	bprà-thâyt nay-bpaan
Emirados Árabes Unidos	สหรัฐอาหรับเอมิเรตส์	sà-hà-rát aa-ràp ay-mí-râyt

| Síria (f) | ประเทศซีเรีย | bprà-thâyt see-ria |
| Palestina (f) | ปาเลสไตน์ | bpaa-lâyt-dtai |

| Coreia do Sul (f) | เกาหลีใต้ | gao-lĕe dtâi |
| Coreia do Norte (f) | เกาหลีเหนือ | gao-lĕe nĕua |

151. America do Norte

Estados Unidos da América	สหรัฐอเมริกา	sà-hà-rát a-may-rí-gaa
Canadá (m)	ประเทศแคนาดา	bprà-thâyt khae-naa-daa
México (m)	ประเทศเม็กซิโก	bprà-thâyt mék-sí-goh

152. America Centrale do Sul

Argentina (f)	ประเทศอาร์เจนตินา	bprà-thâyt aa-jayn-dtì-naa
Brasil (m)	ประเทศบราซิล	bprà-thâyt braa-sin
Colômbia (f)	ประเทศโคลัมเบีย	bprà-thâyt khoh-lam-bia
Cuba (f)	ประเทศคิวบา	bprà-thâyt khiw-baa
Chile (m)	ประเทศชิลี	bprà-thâyt chí-lee

Bolívia (f)	ประเทศโบลิเวีย	bprà-thâyt boh-lí-wia
Venezuela (f)	ประเทศเวเนซุเอลา	bprà-thâyt way-nay-sú-ay-laa
Paraguai (m)	ประเทศปารากวัย	bprà-thâyt bpaa-raa-gwai
Peru (m)	ประเทศเปรู	bprà-thâyt bpay-roo

Suriname (m)	ประเทศซูรินาม	bprà-thâyt soo-rí-naam
Uruguai (m)	ประเทศอุรุกวัย	bprà-thâyt u-rúk-wai
Equador (m)	ประเทศเอกวาดอร์	bprà-thâyt ay-gwaa-dor

Bahamas (f pl)	ประเทศบาฮามาส	bprà-thâyt baa-haa-mâat
Haiti (m)	ประเทศเฮติ	bprà-thâyt hay-dtì
República (f) Dominicana	สาธารณรัฐโดมินิกัน	săa-thaa-rá-ná rát doh-mí-ní-gan

| Panamá (m) | ประเทศปานามา | bprà-thâyt bpaa-naa-maa |
| Jamaica (f) | ประเทศจาเมกา | bprà-thâyt jaa-may-gaa |

153. Africa

Egito (m)	ประเทศอียิปต์	bprà-thâyt bprà-thâyt ee-yíp
Marrocos	ประเทศมอร็อคโค	bprà-thâyt mor-rók-khoh
Tunísia (f)	ประเทศตูนิเซีย	bprà-thâyt dtoo-ní-sia
Gana (f)	ประเทศกานา	bprà-thâyt gaa-naa
Zanzibar (m)	ประเทศแซนซิบาร์	bprà-thâyt saen-sí-baa
Quénia (f)	ประเทศเคนยา	bprà-thâyt khayn-yâa
Líbia (f)	ประเทศลิเบีย	bprà-thâyt lí-bia
Madagáscar (m)	ประเทศมาดากัสการ์	bprà-thâyt maa-daa-gàt-gaa
Namíbia (f)	ประเทศนามิเบีย	bprà-thâyt naa-mí-bia
Senegal (m)	ประเทศเซเนกัล	bprà-thâyt say-nay-gan
Tanzânia (f)	ประเทศแทนซาเนีย	bprà-thâyt thaen-saa-nia
África do Sul (f)	ประเทศแอฟริกาใต้	bprà-thâyt àef-rí-gaa dtâi

154. Australia. Oceania

Austrália (f)	ประเทศออสเตรเลีย	bprà-thâyt òt-dtray-lia
Nova Zelândia (f)	ประเทศนิวซีแลนด์	bprà-thâyt niw-see-laen
Tasmânia (f)	ประเทศแทสเมเนีย	bprà-thâyt thâet-may-nia
Polinésia Francesa (f)	เฟรนช์โปลินีเชีย	frayn-bpoh-lí-nee-sia

155. Cidades

Amesterdão	อัมสเตอร์ดัม	am-sà-dtêr-dam
Ancara	อังคารา	ang-khaa-raa
Atenas	เอเธนส์	ay-thayn
Bagdade	แบกแดด	bàek-dàet
Banguecoque	กรุงเทพฯ	grung thâyp
Barcelona	บาร์เซโลนา	baa-say-loh-naa
Beirute	เบรุต	bay-rút
Berlim	เบอร์ลิน	ber-lin
Bombaim	มุมไบ	mum-bai
Bona	บอนน์	bon
Bordéus	บอร์โด	bor doh
Bratislava	บราติสลาวา	braa-dtìt-laa-waa
Bruxelas	บรัสเซล	bràt-sayn
Bucareste	บูคาเรสต์	boo-khaa-râyt
Budapeste	บูดาเปส	boo-daa-bpàyt
Cairo	ไคโร	khai-roh
Calcutá	คัลคัตตา	khan-khát-dtaa

Portuguese	Thai	Pronunciation
Chicago	ชิคาโก	chí-khaa-goh
Cidade do México	เม็กซิโกซิตี้	mék-sí-goh sí-dtêe
Copenhaga	โคเปนเฮเกน	khoh-bpayn-hay-gayn
Dar es Salaam	ดาร์เอสซาลาม	daa àyt saa laam
Deli	เดลี	day-lee
Dubai	ดูไบ	doo-bai
Dublin, Dublim	ดับลิน	dàp-lin
Düsseldorf	ดุสเซลดอร์ฟ	dùt-sayn-dòf
Estocolmo	สต็อกโฮลม	sà-dtòk-hohm
Florença	ฟลอเรนซ์	flor-rayn
Frankfurt	แฟรงค์เฟิร์ท	fraeng-fêrt
Genebra	เจนีวา	jay-nee-waa
Haia	เดอะเฮก	dùh hêyk
Hamburgo	แฮมเบิร์ก	haem-bèrk
Hanói	ฮานอย	haa-noi
Havana	ฮาวานา	haa waa-naa
Helsínquia	เฮลซิงกิ	hayn-sing-gì
Hiroshima	ฮิโรชิมา	hí-roh-chí-mâa
Hong Kong	ฮองกง	hôrng-gong
Istambul	อิสตันบูล	ìt-dtan-boon
Jerusalém	เยรูซาเลม	yay-roo-saa-laym
Kiev	เคียฟ	khîaf
Kuala Lumpur	กัวลาลัมเปอร์	gua-laa lam-bper
Lisboa	ลิสบอน	lít-bon
Londres	ลอนดอน	lon-don
Los Angeles	ลอสแอนเจลิส	lôt-aeng-jay-lít
Lyon	ลียง	lee-yong
Madrid	มาดริด	maa-drìt
Marselha	มารกเซย	màak-soie
Miami	ไมอามี่	mai-aa-mêe
Montreal	มอนทรีออล	mon-three-on
Moscovo	มอสโกว	mor-sà-goh
Munique	มิวนิค	miw-ník
Nairóbi	ไนโรบี	nai-roh-bee
Nápoles	เนเปิลส์	nay-bpern
Nisa	นิช	nít
Nova York	นิวยอร์ค	niw-yôk
Oslo	ออสโล	òrt-loh
Ottawa	อ็อตตาวา	òt-dtaa-waa
Paris	ปารีส	bpaa-rêet
Pequim	ปักกิ่ง	bpàk-gìng
Praga	ปราก	bpràak
Rio de Janeiro	ริโอเอจาเนโร	rí-oh-ay jaa-nay-roh
Roma	โรม	rohm
São Petersburgo	เซนต์ปีเตอร์สเบิร์ก	sayn bpì-dtèrt-bèrk
Seul	โซล	sohn
Singapura	สิงคโปร์	sĭng-khá-bpoh
Sydney	ซิดนีย์	sít-nee

Taipé	ไทเป	thai-bpay
Tóquio	โตเกียว	dtoh-gieow
Toronto	โตรอนโต	dtoh-ron-dtoh
Varsóvia	วอรซอว	wor-sor
Veneza	เวนิส	way-nít
Viena	เวียนนา	wian-naa
Washington	วอชิงตัน	wor ching dtan
Xangai	เซี่ยงไฮ	sîang-hái

www.ingramcontent.com/pod-product-compliance
Lightning Source LLC
Chambersburg PA
CBHW070555050426
42450CB00011B/2874